AS MARAVILHAS DO VINAGRE DE MAÇÃ

DRA. PENNY STANWAY

AS MARAVILHAS DO VINAGRE DE MAÇÃ

Receitas para a casa, a saúde e a beleza

Tradução de Bianca Albert

EDITORA ALAÚDE

Título original: *The miracle of cider vinegar – Practical tips for home and health*

O texto deste livro foi fixado conforme o acordo ortográfico vigente no Brasil desde 1º de janeiro de 2009.

PREPARAÇÃO:
Graça Couto

REVISÃO:
Entrelinhas Editorial

FOTO DE CAPA:
Carolborreda/Dreamstime.com

IMPRESSÃO E ACABAMENTO:
EGB - Editora Gráfica Bernardi Ltda.

1º edição, 2012

Dados Internacionais de Catalogação na Publicação (CIP)
(Câmara Brasileira do Livro, SP , Brasil)

Stanway, Penny
As maravilhas do vinagre de maçã : receitas para a saúde, a casa e a beleza / Penny Stanway ; [traduzido por Bianca Albert]. -- 1. ed. -- São Paulo : Alaúde Editorial, 2012.

Título original: The miracle of cider vinegar : practical tips for home & health.
ISBN 978-85-7881-112-9

1. Culinária (Maçã) 2. Culinária (Sidra) 3. Maçãs - Uso terapêutico 4. Medicina alternativa 5. Vinagre de maçã 6. Vinagre de maçã - Uso terapêutico 7. Saúde - Promoção I. Título.

12-01094 CDD-615.5

Índice para catálogo sistemático:
1. Vinagre de maçã : Medicina natural 615.5

2012
Alaúde Editorial Ltda.
Rua Hildebrando Thomaz de Carvalho, 60
04012-120, São Paulo, SP
Tel.: (11) 5572-9474 e 5579-6757
www.alaude.com.br

Em memória de John Rench, meu amado pai,
um grande apreciador de mariscos
e ovas de arenque com vinagre.

Sumário

Agradecimentos

Agradeço a minha irmã, Jenny Hare, por partilhar comigo a paixão por comida e culinária; a meu marido, Andrew, por seu imenso entusiasmo em falar a respeito de maçãs e vinagre de maçã; e a minha empresária, Doreen Montgomery, por seu apoio e incentivo infinitos.

Introdução

A maçã é a fruta mais conhecida no mundo. Eu a acho fantástica! Gosto muito de suco de maçã e sidra e também de cozinhar com vinagre de maçã. Escrever este livro, portanto, foi uma experiência fascinante. Criar e testar as receitas foi um grande prazer, e ainda estou maravilhada com as incontáveis maneiras pelas quais a maçã, o seu suco, a sidra e o seu vinagre nos fazem bem à saúde.

Cresci em uma casa de saúde dirigida por meus pais. Minha mãe, enfermeira formada, sempre dizia "Uma maçã por dia mantém a pessoa sadia", portanto, essa fruta nunca faltou em nossa casa. Agora, depois de anos de experiência como médica e de pesquisas para escrever meus livros, estou ainda mais convicta dos benefícios da maçã e do vinagre na promoção e na proteção da saúde e do bem-estar. Além disso, o vinagre de maçã é um aliado barato e eficiente na hora de limpar a casa.

Os arqueólogos acreditam que as macieiras têm origem na região do mar Cáspio e do mar Negro, e que as pessoas já se alimentavam de seus frutos em 6500 a.C. Seu cultivo se expandiu pela Europa, e no século XVI o rei Henrique VIII solicitou a seu fornecedor de frutas que procurasse as melhores variedades de maçã no mundo, para plantá-las na Inglaterra. A partir daí, o cultivo da macieira se espalhou para Estados Unidos, Austrália, Nova Zelândia, África do Sul e América do Sul. Atualmente são cultivadas mais de 7.500 variedades da fruta em todo o mundo, e em muitos países há plantações para o consumo interno, ou disponibilidade de maçãs importadas.

Os historiadores não sabem ao certo quando a sidra começou a ser apreciada, mas sabem que era uma bebida comum na Grã-Bretanha no século I a.C. e que provavelmente já circulava pelo Mediterrâneo no primeiro século da Era Cristã. Já os arqueólogos afirmam que o vinagre de maçã era usado muito antes, uma vez que foram achados vestígios de sua existência em urnas egípcias de 3000 a.C.

A maçã e os seus produtos, como o suco, a sidra e o vinagre, têm longa história e são muito consumidos no mundo todo. Em *As maravilhas do vinagre de maçã* explicarei suas incríveis propriedades e aplicações, e espero que você passe a usá-lo em casa e a comer pelo menos uma maçã todos os dias.

Duas pequenas observações:

- Quando digo "suco de maçã" neste livro, refiro-me ao suco em seu estado natural, sem coar.
- A sidra é a bebida alcoólica preparada com o suco fermentado da maçã.

CAPÍTULO 1

Maçã, suco de maçã, sidra e vinagre de maçã – o que eles têm?

MAÇÃ

Ao comer uma maçã, você não está apenas ingerindo uma fonte adocicada de 50 calorias, com algumas fibras e vitamina C. Está consumindo uma verdadeira arca do tesouro repleta de substâncias saudáveis, algumas das quais só estão presentes com tamanha riqueza em pouquíssimos outros alimentos. Por exemplo, a maçã é uma das fontes mais ricas na fibra pectina e em substâncias fenólicas, como a quercetina. Isso explica por que a maçã é a fruta mais associada com a menor ocorrência de determinadas doenças crônicas, como problemas cardíacos, câncer e diabetes, e por que o seu consumo, bem como o de seus derivados – seu suco, a sidra e o vinagre –, realmente influencia a saúde e o bem-estar.

Principais nutrientes

A maçã é rica em fibras e açúcares – entre eles frutose, sacarose, glicose, oligossacarídeos e inulina (não confundir com insulina!).

Os carboidratos de uma maçã ainda verde são constituídos essencialmente de amido, mas, quando a fruta amadurece, transforma a maioria de seus açúcares. A maçã também contém concentrações proveitosas de vitamina C e potássio. Uma maçã média (100 gramas), por exemplo, fornece 8 por cento da vitamina C e 10 por cento do potássio que uma pessoa adulta necessita por dia.

Embora a maçã contenha teores muito baixos de gordura, proteína, betacaroteno, vitaminas B, cálcio, ferro, magnésio, fósforo e zinco, mesmo essas pequenas quantidades contribuem para as nossas necessidades diárias. As baixíssimas concentrações de oligoelementos como boro e cromo são úteis também. O boro, por exemplo, é importantíssimo para o aproveitamento do cálcio pelo corpo e ajuda a prevenir a osteoporose. Também tem influência na liberação, no uso e no tempo de ação dos hormônios esteroides.

Fibras

As fibras alimentares atualmente são conhecidas como polissacarídeos não amiláceos. Mas, neste livro, continuarei a chamá-las de fibras, embora nem sempre sejam fibrosas!

Além de conter celulose, hemicelulose e a fibra lignina (que não é carboidrato), a maçã é um alimento rico em pectina. Na verdade, 70 por cento das fibras da maçã são compostas de pectina, o que a torna mais rica nessa substância que qualquer outra fruta. A celulose fortalece as paredes celulares dos vegetais; a pectina ajuda a mantê-las coesas. Ambas, cada uma à sua maneira, fazem bem à saúde. Por serem fibras do tipo insolúvel em água, a celulose e a lignina absorvem água no trato digestório de maneira passiva, mas passam por ele sem alterações. Já a pectina, por ser uma fibra solúvel em água, dissolve-se no trato digestório, tornando-se um gel. Cerca de 90 por cento da pectina desse gel é fermentada pelas bactérias "boas" no intestino grosso, liberando valiosos ácidos graxos de cadeia curta como o ácido butírico e auxiliando a absorção de cálcio e outros minerais.

Infelizmente, muitas pessoas não ingerem fibras suficientes. Nos Estados Unidos, por exemplo, consome-se aproximadamente a metade do que se deveria.

Uma maçã média nos fornece mais de 10 por cento da quantidade de fibras recomendada por dia. Mais da metade dessa fibra saudável se encontra na casca e no centro, portanto, é melhor ingeri-la inteira. A maçã perfeita é firme, refrescante, e não deve estar madura demais. Quanto mais madura, mais mole e farinhenta ela fica, menos pectina possui. As maçãs mais indicadas para culinária são verdes e adstringentes, mesmo quando maduras, e são boas para cozinhar, assar e fazer tortas, pois o calor amolece sua pectina. A casca, no entanto, mantém-se intacta ao ser aquecida – qualquer que seja a variedade da maçã –, porque suas paredes celulares são ricas em fibras insolúveis.

Antioxidantes

Os antioxidantes são substâncias que ajudam a prevenir a oxidação descontrolada. A oxidação é uma reação química causada por radicais livres (partículas hiperativas de oxigênio) e está envolvida em muitos dos processos metabólicos naturais do nosso corpo. Determinadas circunstâncias, como má alimentação, infecção, tabagismo e estresse, aumentam a produção de radicais livres, podendo levar a reações de oxidação em cadeia e, consequentemente, a problemas como inflamação, infecção, câncer, envelhecimento precoce, infarto e derrame.

A maçã é uma ótima fonte de antioxidantes. A maior parte se concentra na casca, portanto, esse é mais um motivo para não descascá-la. Entre os antioxidantes da maçã estão a vitamina C e compostos fenólicos (como a quercetina e a florizina), e mínimas quantidades de selênio e zinco. Uma maçã contém 50 por cento mais antioxidantes que 75 gramas de mirtilo, mais que o dobro que uma xícara de chá, três vezes mais que uma laranja e quase oito vezes mais que uma banana.

Cientistas da Universidade Cornell, de Nova York, descobriram que uma maçã de 100 gramas é um antioxidante tão potente quanto 1.500 miligramas de vitamina C. Dessa maneira, considerando que uma maçã como essa contém apenas 5,7 miligramas de vitamina C, a maior parte de sua ação antioxidante vem de outras substâncias. O poder antioxidante da maçã é maior quando ela é ingerida inteira e crua, logo após ser colhida, ou então quando armazenada em local fresco e abrigado da luz, como a geladeira.

Compostos fenólicos

Este é um termo que abrange um grupo de fitoquímicos como os flavonoides, alguns ácidos, taninos e ligninas. Todos eles derivam do ácido fenólico e, às vezes, são chamados polifenóis. Seu teor na maçã varia de acordo com o ano, a variedade, a macieira, a região. Na casca, sua concentração é seis vezes maior que na polpa. A maçã é a maior fonte de compostos fenólicos alimentares em muitas partes do mundo.

Ela é particularmente rica em flavonoides, sendo a quercetina um dos mais abundantes. Tem propriedades antioxidantes, anti-histamínicas e anti-inflamatórias. É encontrada praticamente só na casca e está mais presente nas maçãs vermelhas do que nas de casca verde ou amarela. A quercetina permanece relativamente estável quando a maçã é cozida.

Entre os outros flavonoides contidos na maçã estão as proantocianidinas (como o pigmento vegetal catequina, que confere cor à casca e adstringência e pungência ao seu sabor), a florizina, e o hormônio vegetal genisteína (veja a seguir).

Os ácidos fenólicos da maçã incluem os ácidos clorogênico, p-cumárico e quínico. Os taninos são responsáveis pelo sabor adstringente, e a oxidação dos taninos em maçãs cortadas, pelo seu escurecimento.

Hormônios vegetais (fitoesteroides)

As quantidades de genisteína, um fitoestrogênio (estrogênio de origem vegetal) e antioxidante, são muito reduzidas na maçã. Mas, mesmo assim, contribuem para o consumo geral de fitoestrogênio por cada indivíduo. Ao se fixar nos receptores de estrogênio nas células, os fitoestrogênios têm ação reguladora sobre o estrogênio. Se o organismo de uma mulher produz quantidades maiores que o normal de estrogênio – mais forte –, o fato de os receptores celulares estarem dominados por fitoestrogênios – mais fracos – previne o desenvolvimento de problemas associados à dominância estrogênica (como menstruações intensas). Já se a mulher produz estrogênio insuficiente, a ocupação dos receptores celulares pelos fitoestrogênios proporcionará um leve estímulo estrogênico, auxiliando em problemas associados à deficiência desse hormônio (como ondas de calor).

Ácidos orgânicos

Alguns exemplos são os ácidos málico e tartárico. A concentração do primeiro em cada variedade determina sua acidez. Quanto mais ácido málico contiver, menos açúcar terá a maçã, mais pronunciado será seu sabor e maior a probabilidade de reter o sabor e o aroma ao ser cozida. As maçãs que ainda não amadureceram e aquelas usadas para cozinhar são as que têm maior teor desse ácido.

Cera e pesticidas

A casca da maçã é revestida por uma cera protetora natural que ela mesma produz. Lavar a maçã com água remove metade dessa cera, então os agricultores comerciais revestem sua produção com uma cera comestível oficialmente aprovada (como a de carnaúba) para deixar as frutas mais brilhantes e evitar dessecação e apodrecimento.

A casca das maçãs pode conter resíduos de pesticidas. Os níveis são monitorados e devem ser seguros. Mesmo assim, muita gente prefere lavá-la com água antes de consumi-la ou cozinhá-la. Isso retira as ceras e os pesticidas que foram adicionados.

Sementes

As sementes da maçã têm gosto levemente amargo e semelhante ao da amêndoa, em virtude da pequena concentração de uma substância chamada amigdalina. Ela pode ser convertida em um cianureto tóxico por uma enzima presente em algumas células do corpo, embora abundante em células cancerosas. A ingestão de algumas maçãs inteiras, com as sementes, por dia muito dificilmente se torna um problema e pode (embora isso não seja comprovado) agir contra as células cancerosas em estágio inicial.

Aroma e sabor

O aroma e o sabor da maçã resultam de uma mistura específica de cerca de 250 compostos voláteis, que incluem diversos ésteres (como butirato de metila, acetato de isobutila), alcoóis, aldeídos e óleos essenciais. O cheiro e o gosto de algumas variedades mais raras lembram os de melão, morango, framboesa, pêssego, limão-siciliano, erva-doce, canela, pimenta-da-jamaica, banana ou abacaxi.

Cor

A cor da maçã vem de resíduos de clorofila (pigmento verde), carotenoides (pigmentos amarelo e laranja) e proantocianidinas (pigmentos de diversos matizes). As de casca vermelha costumam ser doces, já as de casca verde podem ser ácidas ou adocicadas.

SUCO DE MAÇÃ

Neste livro, quando digo suco de maçã, refiro-me àquele que não foi diluído em água ou adoçado. Sua produção exige prensagem mecânica, e o resultado é um suco turvo.

Existem outros processos, como:

- Filtragem das substâncias particuladas, entre elas celulose, pectinas e proteínas. O suco produzido é límpido.
- Pasteurização, para evitar que as enzimas transformem os açúcares em alcoóis e para proteger contra o desenvolvimento de fungos e bactérias. Este processo dá ao suco um prazo de validade de até dois anos. O suco não pasteurizado deve ser consumido o quanto antes.

Quanto menos processamento houver, menor será a perda de nutrientes e outros importantes fitoquímicos. O suco não filtrado tem um pouco mais de fibras que o filtrado. E é muito mais rico em compostos fenólicos, pois contém, por exemplo, uma concentração muito maior de proantocianidinas. Considerando que o suco em estado natural tem cerca da metade dos compostos fenólicos da maçã, então o suco filtrado contém, no máximo, um terço.

SIDRA

A sidra é uma bebida alcoólica produzida pela fermentação do suco da maçã, e seu teor alcoólico pode variar muito.

O sabor da sidra depende muito da maçã (ou da mistura) utilizada. A coloração vai do amarelo bem claro até o dourado vivo. A tendência atual é produzir sidra de uma só colheita e uma única variedade de maçã. O sabor da sidra produzida dessa maneira reflete a mistura específica dos fitoquímicos voláteis da variedade utilizada da fruta; a sidra pode ser comercializada também como pertencente a determinada "safra". Para fazer sidra, pode-se usar qualquer maçã; alguns produtores, no entanto, preferem as variedades que contêm maiores níveis de tanino, ácido málico e outros ácidos orgânicos do que as maçãs "de sobremesa", pois conferem à bebida um toque "picante" característico.

As maçãs ideais para produzir sidra são agrupadas em quatro categorias, de acordo com os componentes que lhes dão sabor:

Agridoces contêm bastante açúcar, elevando o teor alcoólico da sidra. Também têm níveis relativamente elevados de tanino, que dá um sabor um tanto amargo à bebida.

Pungentes contêm muito tanino e ácidos (como o málico, por exemplo), o que deixa a sidra relativamente amarga e picante.

Doces contêm bastante açúcar, o que eleva o teor alcoólico da bebida. Têm pouco tanino e ácidos, portanto a sidra tem pouco amargor.

Picantes são bem ácidas, resultando numa sidra pungente. Têm pouco açúcar e tanino, o que torna a bebida um pouco menos alcoólica ou amarga.

O teor nutricional da sidra está relacionado com o do suco da maçã de origem, o tipo de fermentação e qualquer processamento extra (como filtragem e pasteurização). A sidra turva tem maior concentração de pectina e compostos fenólicos que a límpida – esta pode ter o equivalente a 1-5 por cento das proantocianidinas presentes naquela.

A sidra tem níveis relativamente altos de antioxidantes: na verdade, 280 mililitros têm a mesma concentração que uma taça de vinho tinto.

Por fim, a sidra contém produtos resultantes da fermentação, como álcool (derivado do açúcar natural da maçã) e pequenas quantidades de ácido láctico (proveniente do ácido málico da maçã, que lhe acrescenta um sabor interessante). A sidra está se tornando cada vez mais popular, mas, por mais gostosa que seja, é importante que você mantenha o consumo de bebidas alcoólicas dentro dos limites recomendados.

Produção da sidra

Para fazer a sidra, o suco da maçã, límpido ou turvo, deve ser fermentado naturalmente, ou, então, pode-se adicionar levedura de vinho para acelerar a fermentação e torná-la mais confiável. Um pouco antes do término da fermentação, a sidra é drenada por um tubo, para que as células mortas da levedura e outras substâncias se depositem no fundo do recipiente. Esse processo é conhecido como "trasfega para a separação da borra". A sidra espumante é produzida ao deixar o açúcar restante fermentar e, dependendo, acrescentando-se mais.

A produção comercial da sidra, em sua maior parte, passa também por outros processos. Geralmente, é pasteurizada – aquecida a 71 graus Celsius ou exposta à luz ultravioleta para matar bactérias e fungos. A sidra que não passa por pasteurização oferece risco para mulheres grávidas, crianças pequenas e pessoas com a imunidade comprometida. Porém, embora a pasteurização torne a bebida mais segura e aumente seu prazo de validade, pode alterá-la – destrói as enzimas e inibe a oxidação, tornando seu sabor menos marcante.

Além disso, a maior parte da sidra industrializada é feita a partir de concentrado de maçã, contém corantes, adoçantes artificiais, conservantes e enzimas, e é filtrada. Pode, também, ter adição de uma fonte de nitrogênio e ser armazenada sob gás dióxido de carbono comprimido. Tudo isso torna a produção da sidra mais segura e gera alterações de cor, pureza e sabor que agradam a algumas pessoas. Já outras preferem a aparência e o sabor da sidra "natural" ou "verdadeira".

Segundo a União Executiva de Produtos de Maçãs e Peras do Reino Unido (APPLE, na sigla em inglês) a sidra verdadeira de boa qualidade:

- é produzida apenas a partir de frutas frescas prensadas;
- não contém produtos concentrados;
- não é diluída;
- não é pasteurizada nem antes nem depois da fermentação;
- não é fermentada por adição de leveduras;
- não sofre tratamento com enzimas;
- não contém conservantes ou corantes;
- pode conter apenas adoçantes classificados como "médio" ou "doce", e somente se forem comprovadamente seguros e não afetarem o sabor da bebida;
- não passa por filtragem;
- não tem adição de fonte de nitrogênio, a menos que seja essencial para dar início à fermentação;
- não deve ser exposta ao dióxido de carbono do ar externo.

Chamamos de **sidra artesanal** a que é feita com maçãs caídas das árvores; ou a sidra turva, que não sofreu muitos processos; ou mesmo aquela ainda jovem, de poucos meses, que não sofreu maturação (processo que inclui fermentação malolática, convertendo o ácido málico em ácido láctico). O termo pode se referir também à sidra feita com maçãs selecionadas, fermentada lentamente e maturada por mais tempo que a sidra comum.

Em alguns países, existe pequena diferença entre a sidra e o **vinho de maçã**. Este geralmente é feito de maçãs mais próprias para sobremesa, portanto falta-lhe pungência (da acidez da fruta) e amargor (do tanino). E seu teor alcoólico é maior. O da sidra é quase sempre menor que 8 por cento, enquanto o vinho de maçã contém mais álcool.

VINAGRE DE MAÇÃ

A produção do vinagre de maçã envolve dois tipos fundamentais de fermentação. Primeiro, os açúcares do suco da maçã se transformam, por meio da fermentação, em álcool de sidra. Este, por sua vez, fermenta em ácido acético (processo muitas vezes chamado "acetificação").

O vinagre de maçã tem coloração amarelo-amarronzada. Pode ser turvo ou límpido. Também pode ser pasteurizado (neste caso, não contém microrganismos) ou não (na presença de massa viscosa da fermentação por bactérias chamada "mãe do vinagre").

O vinagre de maçã não é uma fonte rica em nutrientes. Uma colher (sopa), por exemplo, tem um pouco de carboidrato, pouca quantidade de minerais, pouquíssima concentração de oligoelementos e praticamente nada de proteínas, gordura, vitaminas ou fibras. Algumas pessoas dizem que é uma boa fonte de cálcio, mas, na verdade, não é. Precisamos obter cerca de 1.000 miligramas de cálcio diários por meio da alimentação – e 1 colher (sopa) de vinagre de maçã contém apenas 1 miligrama, contra 20 miligramas contidos em 1 colher (sopa) de leite. Porém, existe um paradoxo nisso, pois muitas pessoas – entre elas, uma em cada duas com mais de 60 anos – produzem ácido gástrico insuficiente para a absorção ideal do cálcio e de alguns outros minerais. O vinagre de maçã aumenta a acidez estomacal dessas pessoas, melhorando, assim, a absorção de cálcio dos alimentos ingeridos.

O vinagre de maçã tem inúmeras propriedades saudáveis. Muitas vêm de seus ácidos orgânicos (como o acético e o láctico, e, dependendo, de resíduos de ácido málico). Tais ácidos são responsáveis, sobretudo, por suas ações antifúngicas, antibacterianas e antivirais. O ácido málico, principal ácido orgânico presente no suco da maçã, é convertido em ácido láctico durante a fermentação acética e alcoólica. Um subproduto dessa fermentação malolática é uma substância química de sabor agradável, que, aliás, contribui também para o sabor do vinho Chardonnay. Muitos vinagres de maçã no mercado contêm 5 por cento de ácido acético.

O vinagre de maçã contribui para a acidez natural do estômago. Do intestino, ele é absorvido pela corrente sanguínea e quase totalmente oxidado nas células do corpo para produzir energia. Embora contenha ácidos, seu efeito geral, após ser absorvido no intestino, é comumente considerado levemente alcalino. Alguns cientistas explicam esse fato dizendo que, quando se queima o vinagre no laboratório até que se torne cinza seca, o pH da cinza, ao ser medido, mostra-se alcalino. Segundo eles, a oxidação dos ácidos do vinagre nas células para produzir energia é equivalente à do vinagre queimado no laboratório.

O vinagre de maçã de boa qualidade é envelhecido lentamente. Seu sabor é enriquecido e sua composição se torna mais complexa durante a fermentação e o subsequente envelhecimento por compostos voláteis como aldeídos, cetonas, alcoóis, acetatos de etila, enzimas, compostos fenólicos, salicilatos e ácidos carboxílicos (como os ácidos acético, málico, láctico e succínico).

Já o vinagre de maçã em cápsulas não contém vinagre de jeito nenhum! Na verdade, as cápsulas são feitas com sais de ácidos orgânicos fracos e aromatizantes que tornam seu cheiro avinagrado.

CAPÍTULO 2

Tratamentos naturais

"Uma maçã por dia mantém a pessoa sadia": esse ditado tem se mostrado uma realidade.

As frutas fazem um bem inestimável à saúde. Segundo estudos, recomendam-se pelo menos cinco porções de frutas, verduras e legumes por dia; sendo duas de frutas, e uma destas de suco de frutas. Muitas pessoas, no entanto, não chegam a consumir essa quantidade diária. Uma pesquisa realizada pela TNS Worldpanel UK, em 2008, revelou que apenas 12 por cento dos entrevistados ingeriam essas cinco porções diárias, enquanto 12 por cento não consumiam sequer uma.

As frutas são saudáveis e gostosas, especialmente as maçãs. Elas são ricas em certas substâncias – como flavonoides e pectina – que têm importante papel na manutenção da saúde. Uma pesquisa publicada no *Nutrition Journal*, em 2004, revelou que a maçã é mais comumente associada à redução dos riscos de desenvolver câncer, diabetes e doenças cardíacas do que outras frutas (ou legumes e verduras). O consumo da maçã também foi relacionado à menor incidência de asma, ao melhor funcionamento dos pulmões e à maior perda de peso. Embora o suco de maçã e a sidra não contenham tantos ingredientes saudáveis quanto a fruta em si, também são saudáveis, além de deliciosos.

Quanto ao vinagre de maçã, relatos de suas propriedades curadoras datam de milhares de anos atrás. Em 400 a.C., o médico grego Hipócrates o usava como antibiótico e para a manutenção da saúde em geral. Os samurais utilizavam um tônico de vinagre para ficarem mais fortes. Na Guerra Civil americana, empregava-se uma solução de vinagre para prevenir distúrbios gástricos e tratar pneumonia e escorbuto e, na Primeira Guerra Mundial, para tratar ferimentos. Porém, embora a tradição, o bom senso e indícios casuais indiquem que o vinagre de maçã pode auxiliar no tratamento de uma gama de males, pouco se analisou a respeito. Um motivo para isso é a dificuldade de obter capital, uma vez que o vinagre de maçã não pode ser patenteado.

Neste capítulo, explicarei em detalhes como e por que a maçã, bem como o suco e o vinagre dessa fruta, faz bem e se essa constatação se fundamenta em tradição, indícios casuais ou clínicos ou no bom senso.

Lembre-se de que você também pode combater doenças comuns com alimentação saudável, hidratação adequada, prática regular de exercícios, exposição diária à luz natural, controle do estresse, consumo consciente de bebidas alcoólicas e evitando fumar.

Além disso, nada deve substituir o diagnóstico adequado e um tratamento realizado por um médico. Consulte seu médico antes de usar o vinagre de maçã associado com qualquer outra terapia. E esteja ciente dos seguintes efeitos colaterais e questões de segurança:

- Pessoas alérgicas a vinagre de maçã, maçã ou qualquer componente da fruta, como a pectina, devem evitá-los.
- A acidez do vinagre de maçã pode enfraquecer o esmalte dos dentes, deixando-os sensíveis. Sendo assim, dilua-o, use um canudo, enxágue a boca após sua ingestão e não escove os dentes logo em seguida.
- O consumo excessivo de vinagre de maçã não diluído ou em cápsulas de vinagre pode prejudicar o esôfago e outras partes do trato digestório.
- As cápsulas de vinagre de maçã podem aderir à garganta ou ao esôfago, portanto, tome-as com bastante líquido.
- Um estudo realizado nos Estados Unidos em 2005 descobriu que o conteúdo de oito marcas de cápsulas de vinagre de maçã não correspondia à descrição no rótulo; análises levantaram dúvidas quanto à presença de apenas ácido acético.
- O uso prolongado de vinagre de maçã, teoricamente, baixa os níveis de potássio no corpo, o que pode estimular a intoxicação por certos medicamentos, como digoxina, insulina, laxantes e alguns diuréticos.
- O vinagre de maçã tem influência sobre as taxas de glicose e insulina no sangue, podendo ter efeito cumulativo se combinado com medicamentos para diabetes.
- O vinagre de maçã baixa a pressão sanguínea, podendo ter efeito cumulativo se houver interação com medicamentos para pressão alta.

Ao mencionar um estudo, divulgo o nome original do periódico e o ano em que foi publicado. Essas informações, acompanhadas de algumas palavras-chave, facilitarão suas buscas sobre o assunto a partir de ferramentas da internet.

DOENÇAS E TRATAMENTOS

Acne

Uma das causas da acne é a produção excessiva de sebo decorrente da sensibilidade exacerbada das glândulas sebáceas à testosterona. Outros fatores são alterações nessas secreções e células dos folículos pilosos encravados. Outros desencadeadores são a queda brusca de estrogênio antes da menstruação, umidade, estresse, certos medicamentos, como pílulas apenas de progesterona e síndrome do ovário policístico. A redução da acidez normal da pele estimula a formação de espinhas.

Algumas pessoas dizem que o vinagre de maçã ajuda; nesse caso, isso acontece provavelmente pelo fato de matar bactérias, aumentar a acidez da pele, emulsificar a oleosidade da pele e reduzir a inflamação.

Recomendação: Misture uma parte de vinagre de maçã para quatro partes de água. Aplique com um chumaço de algodão e enxágue após dez minutos. Repita três vezes ao dia.

Anemia

A anemia por deficiência de ferro pode ser associada à pouca produção de ácido gástrico, o que afeta uma a cada duas pessoas com mais de 60 anos. Pode também resultar de estresse ou do uso prolongado de antiácidos ou medicamentos supressores de acidez gástrica. A falta de ácido no estômago reduz a absorção de ferro fornecido pelos alimentos. A anemia por deficiência de vitamina B_{12} é outra consequência possível da baixa acidez.

A maçã pode ser muito útil se você sofre do primeiro caso de anemia. As bactérias do intestino quebram a pectina da maçã, liberando os ácidos graxos de cadeia curta que aumentam a acidez e, portanto, aumentam a absorção de ferro.

Recomendação: Se você tem anemia por deficiência de ferro ou vitamina B_{12}, tente aumentar a absorção de ambos os nutrientes ingerindo 2 colheres (chá) de vinagre de maçã diluídas em 1 copo de água antes de cada refeição, ou acrescentando vinagre de maçã a um molho para salada ou na sopa.

Ansiedade

Comer maçã ajuda a reduzir ansiedade e ataques de pânico.

Pesquisadores constataram que a urina das pessoas que sofrem de ataques de pânico é excepcionalmente ácida. Os rins produzem urina com maior acidez para ajudar a manter o pH do sangue (equilíbrio ácido-base) dentro dos limites normais. Um fator para o excesso de acidez na urina é a alimentação desbalanceada com verduras, legumes e frutas insuficientes.

Psychiatry Research, 2005

Recomendação: Experimente incluir mais frutas – entre elas, maçãs –, legumes e verduras na sua alimentação por aproximadamente um mês.

Artrite

Inflamação é o fator comum aos diferentes tipos de artrite. Embora algumas pessoas afirmem que o vinagre de maçã ameniza o problema, outras dizem que não. Como cada pessoa reage de maneira distinta, não há como comprovar sua ação cientificamente.

A maçã, sim, poderia ser útil para reduzir a inflamação que frequentemente acompanha a artrite, uma vez que contém antioxidantes (como os pigmentos vegetais proantocianidinas, o betacaroteno, a vitamina C, o selênio) e salicilatos similares à aspirina.

Recomendação: Você pode testar se o vinagre de maçã ajuda. Use-o para temperar saladas, sopas ou outros pratos, ou beba 2 colheres (chá) diluídas em 1 copo de água três vezes ao dia com as refeições.

Um tratamento popular para artrite nas mãos ou nos pés consiste em deixá-los imersos em uma solução de 1 xícara de vinagre de maçã para 3 xícaras de água quente, três vezes por dia.

Para ingerir maiores quantidades de anti-inflamatórios naturais, coma a maçã com a casca. Já o teor do suco é menor, e a melhor opção é o natural, não coado, feito com maçãs inteiras.

Asma

A inflamação e a hipersensibilidade das vias aéreas causam dificuldade para respirar, chiado, opressão no peito e tosse. Entre os fatores que podem desencadear o problema estão exposição ao ar frio, exercícios, determinados alimentos, alterações hormonais, riso, infecção, fumaça, queda repentina da pressão atmosférica, temporais, alergias e respiração acelerada.

A maçã e o seu suco têm propriedades de combate à asma mais fortes que qualquer outro alimento. Isso provavelmente se deve à sua grande concentração de antioxidantes, como a quercetina, que têm efeito anti-inflamatório.

Pesquisadores do Reino Unido relataram que adultos que ingeriam pelo menos duas maçãs por semana reduziram em um terço o risco de manifestar asma. Segundo eles, os flavonoides da maçã podem ser os responsáveis.

American Journal of Respiratory Critical Care Medicine, 2001

Outro estudo descobriu a inexistência do efeito protetor em três subclasses de flavonoides (catequinas, flavonoides e flavonas), sugerindo que tal proteção se deve a outros flavonoides.

European Respiratory Journal, 2005

Crianças cujas mães tinham o hábito de comer maçã durante a gestação são muito menos propensas a manifestar asma nos primeiros cinco anos de vida, segundo pesquisadores do Reino Unido, que atribuíram esse fato aos ácidos fenólicos e outros flavonoides.

Thorax, 2007

Um estudo realizado com crianças com dificuldades respiratórias descobriu que a ingestão de suco de maçã uma vez ao dia estava ligada à sua melhora.

European Respiratory Journal, 2007

Quanto ao vinagre de maçã, o doutor D.C. Jarvis, que avaliou 24 pessoas por dois anos, na década de 1950, nos Estados Unidos, descobriu que o pH da urina dessas pessoas se tornava altamente alcalino antes e bem no início de um ataque de asma (*Folk Medicine*). Após esse grupo de pessoas seguir sua orientação de beber vinagre de maçã, o pH da urina retornou rapidamente à acidez normal e o ataque de asma ficava bem mais ameno. Jarvis atribuiu isso ao teor de ácidos orgânicos e potássio da fruta.

Ao buscar uma explicação mais esclarecedora, encontrei um documento datado de 1931, escrito pelo doutor George W. Bray, do Hospital para Crianças Enfermas, em Londres. Ele analisou o ácido gástrico de mais de duzentas crianças com asma, após a refeição. Surpreendentemente, 9 por cento delas não apresentaram ácido gástrico, 48 por cento tinham grande carência dele e 23 por cento, insuficiência leve. Portanto, 80 por cento dessas crianças revelaram ausência ou deficiência de ácido gástrico. Outros pesquisadores constataram a falta de ácido gástrico em muitos adultos com asma, bem como em pessoas com outros tipos de alergias, como eczema, urticária e febre do feno. O doutor Bray descobriu também que o sangue das crianças asmáticas era extraordinariamente alcalino. Segundo ele, a capacidade do organismo dessas crianças de produzir ácido estava reduzindo a alcalinidade do sangue, em vez de produzir ácido gástrico. Ele citou um estudo anterior (*Journal of Physiology*, 1926-27) que sugere que a exposição súbita e repetida de tecido sensibilizado a um leve aumento na alcalinidade tem grande probabilidade de desencadear uma reação exacerbada. Isso quer dizer que a alcalinidade anormal do sangue e dos fluidos torna a mucosa dos pulmões mais sensível e mais propensa a inflamações.

Uma possível causa da sensibilização alérgica é a absorção, pelo intestino, de proteínas mal digeridas, associadas à pouca quantidade de ácido gástrico. Esse trabalho é extremamente interessante, mas tem sido amplamente ignorado.

Recomendação: Ingerir vinagre de maçã pode restaurar certa acidez no estômago de quem não produz o ácido em quantidade suficiente. Caso suspeite disso – porque sofre de má digestão que não é aliviada por antiácidos, por exemplo –, experimente consumir vinagre de maçã todos os dias para prevenir a asma, ou logo no início de um surto, para ajudar a curá-la.

Para um adulto, coloque 1 colher (sopa) de vinagre de maçã em caldos ou molhos para salada. Para crianças, use uma medida menor, dependendo de seu tamanho.

Azia e má digestão

A maçã cozida é o alimento mais indicado após uma infecção gastrointestinal. E os ácidos orgânicos presentes na fruta (como o ácido málico e o tartárico) e no vinagre (ácido acético) ajudam a prevenir a indigestão provocada pela baixa produção de ácido gástrico – o que pode ser gerado pela idade, pelo estresse ou uso prolongado de medicamentos antiácidos. Os ácidos orgânicos como os presentes no vinagre são mais fracos que o ácido gástrico, mas contribuem para a criação de um meio acídico adequado à digestão de proteínas. E, por fim, a pectina da fruta e do seu suco não coado mantém o intestino livre de resíduos viscosos que tornam seu funcionamento mais vagaroso e ajuda a evitar a aderência de bactérias nocivas à mucosa intestinal.

A azia é um sintoma comum de baixa produção de ácido gástrico. O tratamento convencional baseia-se na supressão desse ácido pelo uso de antiácidos. No entanto, isso, muitas vezes, além de não melhorar, acaba piorando o quadro. Quando os antiácidos não ajudam, pode ser sinal de produção insuficiente de ácido no estômago. O consumo de vinagre de maçã seria útil nesse caso, pois elevaria a acidez no estômago – embora, como seu pH é aproximadamente 5, não é tão efetivo quanto o do ácido gástrico (pH 1-2).

Recomendação: Coma uma maçã todos os dias.

Para prevenir problemas desse tipo, tome 2 colheres (chá) de vinagre de maçã diluídas em 1 copo de água antes de cada refeição, ou acrescente-o a seus pratos.

Mas, se você já sofre de má digestão ou azia, tome 1 colher (sopa) do vinagre diluída em 1 copo de água. Se o incômodo melhorar, é bem provável que o culpado seja a falta de acidez no estômago.

Baixa imunidade

A maçã põe o sistema imunológico para trabalhar: primeiro, por conter vitamina C; segundo, porque sua pectina é decomposta por microrganismos "amigos" no intestino grosso, liberando ácidos graxos de cadeia curta como o ácido butírico, que estimulam a produção de linfócitos T auxiliares, anticorpos, glóbulos brancos e citocinas e inibem a proteína C-reativa, um indicador sanguíneo de inflamação.

Recomendação: Coma uma maçã todos os dias.

Bronquite e enfisema

Essas duas doenças crônicas que obstruem os pulmões geralmente exigem um tratamento mais intensivo. Estudos apontam que a maçã pode ajudar. Para a maioria dos pesquisadores, os antioxidantes agem como protetores, e alguns acreditam que a quercetina tem papel fundamental. São benéficos também componentes como outros flavonoides, pectinas e ácido málico.

Um estudo realizado em Londres com 2.512 homens constatou que a maçã foi o único alimento que beneficiou o funcionamento pulmonar. Voluntários que comiam cinco unidades por semana tinham capacidade pulmonar 138 mililitros (cerca de 3 por cento) maior do que aqueles que não comiam nenhuma. Esse volume extra faria grande diferença na capacidade respiratória. O consumo da maçã parece ter desacelerado a degeneração associada ao tabagismo, e, para os pesquisadores, os flavonoides, como a quercetina, seriam os responsáveis.

Thorax, 2000

Pesquisadores da Universidade de Nottingham detectaram menor ocorrência de doenças respiratórias em pessoas que costumam comer maçã.

Thoracic Society, encontro anual, 2001

Recomendação: Coma uma maçã todos os dias, pois isso fará bem à sua saúde como um todo e porque, como os estudos indicam, ajuda a prevenir ou amenizar bronquite e enfizema.

Brotoejas

O vinagre é tido como calmante para essa irritação que provoca bolinhas e coceira na pele.

Recomendação: Experimente aplicar uma solução preparada com 1 colher (sopa) de vinagre de maçã diluída em 1 xícara de água.

Cãibra

Um fator possível é a ingestão insuficiente de cálcio, magnésio, potássio e vitaminas B e C. Todos estão presentes na maçã, portanto, comer uma ao dia pode ajudar.

O vinagre de maçã é um tratamento popular para cãibra, talvez porque sua acidez, uma vez no estômago, aumenta a absorção de cálcio e magnésio nas diversas pessoas que produzem ácido gástrico abaixo do necessário.

Recomendação: Adicione vinagre de maçã a suas receitas ou tome 2 colheres (chá) de vinagre diluídas em 1 copo de água três vezes ao dia.

Talvez você se interesse por esta outra ideia popular: misture 2 colheres (sopa) de vinagre em 1 xícara de água morna, mergulhe uma toalha de rosto nessa mistura e aplique-a sobre o músculo, depois cubra-a com uma toalha grossa.

Cálculo biliar

A maioria dos cálculos biliares contém colesterol, outros possuem pigmentos biliares ou sais de cálcio. A bile muitas vezes apresenta excesso de colesterol e a vesícula biliar não se contrai como deveria. Tais problemas são mais comuns quando relacionados com obesidade, constipação ou diabetes, e todos eles podem ser amenizados pelo consumo de maçã e/ou vinagre dessa fruta como parte de uma dieta saudável.

A pectina da maçã pode se ligar a certos ácidos biliares e eliminá-los do intestino, evitando que sejam reabsorvidos e formem cálculos.

A baixa produção de ácido gástrico deixa a pessoa mais propensa a desenvolver cálculos biliares, uma vez que desestimula o funcionamento da vesícula, o que, por sua vez, leva à formação de cálculos na bile estagnada. Fatores como idade, estresse e consumo de antiácidos geralmente estão ligados à presença insuficiente de ácido no estômago.

Recomendação: Coma uma maçã por dia.

Estimule as contrações da vesícula fazendo refeições que tenham algum ingrediente ácido (como o vinagre de maçã) ou amargo. Se você acredita que produz pouco ácido gástrico, tome 2 colheres (chá) de vinagre de maçã diluídas em 1 copo de água antes de comer, para aumentar a acidez do estômago. O pH do vinagre é 5, enquanto o ácido gástrico contém maior acidez, com pH entre 1-2. Um pouco de acidez a mais, contudo, pode ajudar.

Algumas pessoas relatam ter tido sucesso após uma "lavagem da vesícula biliar". Para isso, beba 1-2 litros de suco de maçã por dia, durante seis dias. No dia seguinte, pule o jantar; às 21 horas, tome 1-2 colheres (sopa) de sais de Epsom em um pouco de água; às 22 horas, beba 120 mililitros de azeite, batidos com 60 mililitros de suco de limão-siciliano, então, deite-se sobre seu lado esquerdo por 30 minutos antes de dormir. Acredita-se que esse procedimento amoleça as pedras de modo que elas sejam eliminadas no dia seguinte, junto com as fezes. Até o momento, poucos casos de sucesso foram confirmados por exames de raios x ou por escaneamento, e os cálculos "amaciados" encontrados nas fezes podem não passar de simples formações decorrentes da combinação dos sais com o azeite. Antes de realizar essa "lavagem", consulte seu médico a esse respeito.

Calosidades e calos

Esses problemas geralmente têm origem no uso de calçados inadequados. Colocar os pés de molho em uma solução de vinagre de maçã é uma boa maneira de suavizar os problemas e eliminá-los.

Recomendação: Todos os dias, deixe seus pés de molho por dez minutos em uma grande bacia com água morna misturada a 1 xícara de vinagre de maçã. Depois, esfregue a pele amolecida da superfície do calo.

Câncer

O câncer resulta da mutação do DNA de uma célula, que permite que ela continue se multiplicando, em vez de morrer por apoptose (autodestruição celular) dentro do tempo programado. Essas células malignas vão surgindo sem parar durante a vida cotidiana; a maioria é destruída pelo sistema imunológico, mas algumas progridem para um câncer. Alguns fatores alimentares que estimulam certos tipos de câncer são carência de antioxidantes como a quercetina, uma vez que normalmente combatem os radicais livres (partículas hiperativas de oxigênio), que são produzidos continuamente no corpo e são prejudiciais às células.

Diversos estudos indicam que a maçã tem propriedades anticancerígenas e que seus antioxidantes, até certo ponto, são os responsáveis por isso. Outros apontam para outros fitoquímicos da maçã, como as pectinas e os triterpenoides. A pectina é quebrada pelas bactérias do intestino, liberando ácidos graxos de cadeia curta que elevam a acidez do intestino grosso e, consequentemente, estimulam a apoptose em células cancerosas no cólon. Além disso, experimentos mostram que as pectinas têm considerável ação antimutagênica.

Diversos estudos indicam que o consumo de maçã ajudaria a prevenir cânceres, como:

Câncer – em geral

Segundo uma pesquisa finlandesa realizada com 10.054 pessoas, a partir de 1966, as pessoas que ingeriam mais quercetina eram menos propensas a desenvolver câncer. A relação entre o menor risco de câncer de pulmão e o consumo de maçã mostrou-se particularmente forte.

American Journal of Clinical Nutrition, 2002

A avaliação da atividade antiproliferativa dos triterpenoides de cada uma de treze maçãs com casca contra as células cancerosas do fígado, da mama e do cólon indica que cada uma contribui para a ação anticancerígena de maçãs inteiras.

Journal of Agricultural and Food Chemistry, 2007

Pesquisadores descobriram que a pectina inibe a lectina ligante de galactosídeos (galectina 3), uma proteína essencial na progressão e no alastramento do câncer de mama, próstata e cólon.

Journal of the Federation of American Societies for Experimental Biology, 2008

Câncer de cólon

Testes alemães revelaram que a adição da pectina da maçã e do suco de maçã rico em compostos fenólicos a fezes estimula a produção de ácido butírico – um ácido graxo de cadeia curta que inibe a histona, que estimula o câncer.

Nutrition, 2008

Câncer de fígado

Um estudo da Universidade Cornell constatou que a maçã e, principalmente, sua casca têm forte ação antioxidante e grande capacidade de inibir o desenvolvimento de células cancerosas no fígado.

Journal of Agricultural and Food Chemistry, 2003

Câncer de mama

Pesquisadores da Universidade Cornell administraram em ratos um carcinógeno indutor de câncer de mama e, então, deram extrato de maçã a metade deles, por seis meses. A incidência de tumores foi menor nesse grupo.

Journal of Agricultural and Food Chemistry, 2005

Em estudo recente, realizado na mesma universidade, foi constatado que o extrato de maçã reduziu a proliferação do adenocarcinoma de mama em ratos; esses tumores constituem a principal causa de morte por câncer de mama. O consumo equivalente a uma maçã por dia para pessoas foi associado à não proliferação do câncer em 43 por cento dos ratos; o correspondente a seis maçãs por dia dobrou essa tendência. Por outro lado, a não ingestão do extrato de maçã foi relacionada ao rápido desenvolvimento da doença em 81 por cento das cobaias. Em geral, nos ratos que receberam extrato de maçã, os tumores eram menores, em menor quantidade, de desenvolvimento mais lento e menos agressivos.

Journal of Agricultural and Food Chemistry, 2009

Câncer de próstata

Pesquisadores da Clínica Mayo afirmam que a quercetina ajuda a prevenir ou tratar o progresso do câncer de próstata ao bloquear hormônios androgênicos.

Carcinogenesis, 2001

Um estudo da Universidade da Georgia revelou que a pectina desencadeia a apoptose (autodestruição celular) em até 40 por cento das células cancerosas da próstata. Ela também afetou as células que se mostravam resistentes à terapia hormonal e eram, portanto, de difícil tratamento. Pesquisadores estão tentando desenvolver um medicamento que tenha ação semelhante à do tipo mais potente de pectina.

Glycobiology, 2007

Câncer de pulmão

Segundo um estudo realizado no Havaí com mais de 10.000 pessoas, o risco de câncer do pulmão é 40 por cento menor entre as pessoas que consomem mais maçãs.

Journal of the National Cancer Institute, 2000

Alguns médicos alternativos acreditam que a alimentação pode ter influência sobre o câncer ao modificar o pH do corpo. Um câncer em si pode ser relativamente mais acídico do que um tecido normal. No entanto, não há evidências científicas que sustentem essa teoria.

Recomendação: Coma uma maçã por dia, pois isso fará muito bem à sua saúde como um todo e pode até ajudar a prevenir o surgimento de câncer ou a progressão da doença.

Caspa

Este problema é muitas vezes ligado ao fungo *Malassezia furfur*. O vinagre de maçã é um remédio caseiro muito conhecido para tratá-lo.

Recomendação: Misture 1 xícara de vinagre de maçã com 1 xícara de água morna, aplique essa solução no couro cabeludo, cubra com uma toalha e aguarde uma hora antes de enxaguar e lavar a cabeça. Outra opção é massagear o couro cabeludo com vinagre de maçã puro, envolver a cabeça com uma toalha e deixar por uma hora. Faça isso uma ou duas vezes por semana.

Catarata

Esta opacidade das lentes dos olhos afeta muitas pessoas a partir dos 65 anos. O consumo de maçã pode desestimular a catarata, ajudando a prevenir alguns fatores desencadeadores, como diabetes, pressão alta, tabagismo, infecção e luz solar. Entre seus nutrientes que fazem tão bem aos olhos estão as vitaminas B_2 e C, os flavonoides e os salicilatos.

O vinagre de maçã é um tratamento popular não comprovado para conter o avanço da catarata.

Recomendação: Se quiser experimentar tratá-la com vinagre de maçã, acrescente-o a seus pratos ou tome 2 colheres (chá) diluídas em 1 copo de água, três vezes ao dia, por seis meses.

Chulé

O vinagre de maçã é tido como ótima solução para amenizar o mau cheiro dos pés por algumas horas.

Recomendação: Quando necessário, deixe os pés de molho em uma bacia contendo água quente e 1 xícara de vinagre de maçã.

Coceira

A aplicação de vinagre de maçã para aliviar a coceira é um costume bem popular.

Recomendação: Tome um banho de imersão em água morna contendo 1 xícara de vinagre de maçã.

Ou então aplique vinagre de maçã puro na região afetada da pele, tomando o cuidado de mantê-lo longe dos olhos e de partes sensíveis do corpo.

Colesterol alto

Outro benefício do consumo regular da maçã é o controle do colesterol. Pessoas com taxas desequilibradas de colesterol LDL (lipoproteína de baixa densidade) e HDL (lipoproteína de alta densidade) tendem a desenvolver ateromas cheios de colesterol nas paredes das artérias, o que prejudica a circulação sanguínea. Além disso, a presença do LDL oxidado nos ateromas endurece as artérias, o que pode levar a pressão alta, infarto ou derrame.

A pectina presente na maçã e, em menor quantidade, no suco não coado dessa fruta absorve o colesterol e os triglicérides no intestino e os elimina do corpo. Uma maneira pela qual ela faz isso é aumentando a viscosidade do conteúdo do intestino delgado, o que diminui a absorção do colesterol dos alimentos ou da bile. Outra é que os microrganismos "do bem" decompõem a pectina no intestino grosso, liberando ácidos graxos de cadeia curta (como o ácido butírico), que inibe a absorção do colesterol, suprime a produção de colesterol no fígado e estimula o colesterol HDL.

Estudos realizados com maçãs inteiras revelam que a combinação de pectina e vitamina C baixa o colesterol ainda mais que apenas a pectina; e a associação de pectina e fenóis reduz o colesterol e os triglicérides mais do que essas substâncias conseguem fazê-lo isoladamente. A redução é pequena, mas válida. A ingestão de uma maçã grande por dia reduz o colesterol em até 11 por cento. Duas maçãs ao dia baixam essas taxas em até 16 por cento. O efeito de quatro maçãs todos os dias pode equivaler ao de medicamentos à base de estatina, usados para o controle do colesterol.

Em um estudo da Universidade da Califórnia, em Davis, voluntários que consumiam duas maçãs ou 350 mililitros de suco de maçã por dia apresentaram redução significativa da oxidação do colesterol. O efeito protetor alcançou seu auge após três horas e caiu após 24 horas, o que nos leva de volta ao ditado "uma maçã por dia...".

Journal of Medicinal Food, 2000

Pesquisadores japoneses descobriram que a administração de ácido acético em ratos (como o do vinagre) reduzia suas taxas de colesterol e triglicérides. Testes complementares revelaram limitação da produção de gorduras (hoje, adequadamente chamadas triacilgliceróis) pelo açúcar no fígado, bem como aumento da presença de bile no intestino. Ainda não sabemos se, no homem, o vinagre de maçã é capaz de baixar a pressão sanguínea, e, se faz isso, de que maneira.

British Journal of Nutrition, 2006

Alguns médicos seguidores de linhas alternativas esclarecem que o colesterol é um subproduto acídico do metabolismo de gorduras. Para eles, uma alimentação saudável com muitos alimentos alcalinizadores (como a maçã e o vinagre de maçã) aumenta a capacidade do organismo de evitar a formação de ateromas nas artérias e também de dissolver ou neutralizar e, então, eliminar o colesterol.

Recomendação: Coma de uma a duas maçãs por dia.

Colite ulcerativa

Graças à pectina, fibra solúvel presente na maçã, consumir a fruta pode ajudar no tratamento de colite ulcerativa.

Pessoas com colite ulcerativa leve a moderada ficam menos dependentes de outras terapias quando passam a tomar suplementos de fibras solúveis, óleo de peixe e antioxidantes.

Clinical Gastroenterology and Hepatology, 2005

Recomendação: Experimente comer uma maçã todos os dias.

Derrame/AVC

Um acidente vascular cerebral geralmente é resultado de um coágulo sanguíneo que bloqueia o fluxo de sangue em um dos vasos do cérebro (AVC trombótico). O tipo menos frequente é causado pela ruptura de um vaso no cérebro, causando sangramento (AVC hemorrágico). No caso do AVC trombótico, o principal culpado é o estreitamento de uma artéria por um ateroma. Essa substância gordurosa contém colesterol LDL (lipoproteína de baixa densidade), que é rapidamente oxidado pelos radicais livres, deixando as artérias inflamadas, com cicatrizes e grossas por dentro. Os coágulos se formam em paredes arteriais com essas características, especialmente se o sangue estiver mais viscoso que o normal. Entre os fatores de risco estão tabagismo, estresse, má alimentação, obesidade, pressão alta, diabetes e infecções crônicas.

Segundo avaliação da dieta e saúde de 9.208 homens realizada na Finlândia por um período de 28 anos, aqueles que comiam mais maçãs apresentaram os menores riscos de sofrer AVC trombótico.

European Journal of Clinical Nutrition, 2000

Evidências empíricas sugerem que a maçã e o vinagre feito com essa fruta ajudam a prevenir pressão alta, obesidade e diabetes.

Recomendação: Inclua maçãs e vinagre de maçã em sua alimentação diária.

Desmaios

Simples desmaios, ou a tontura que os precede, são muito associados à baixa taxa de glicose no sangue. A ingestão de maçã pode evitar isso, sobretudo graças à sua concentração de pectina, que, ao reduzir a absorção de açúcar pelo intestino, mantém a glicemia estável.

O vinagre de maçã também ajuda muito, uma vez que desacelera a elevação da taxa de açúcar no sangue que ocorre após as refeições; se isso se deve à presença de ácido acético ou a algum outro componente ainda não se sabe.

O vinagre pode ser muito útil também para evitar desmaios em pessoas com má digestão causada por acidez insuficiente no estômago – caso de 50 por cento dos indivíduos acima de 60 anos –, e naquelas que oxidam rapidamente o açúcar, o que faz com que sintam fome em intervalos mais curtos. Isso ocorre porque sua acidez extra melhora a digestão de proteínas, tornando essas pessoas capazes de produzir energia imediatamente a partir de proteínas quando tiverem esgotado o açúcar disponível.

Recomendação: Quando sentir fome, coma maçã para manter a glicemia estável, e use vinagre de maçã nas principais refeições do dia.

Diabetes e pré-diabetes

A maçã e o vinagre feito com ela têm se mostrado muito bons para prevenir ou tratar altas taxas de glicemia em pré-diabéticos e diabéticos. Isso é da maior importância, pois a alta taxa de açúcar no sangue pode levar a complicações como doenças no coração, nos olhos e nos rins.

Um estudo finlandês feito com 10.000 pessoas registrou menor risco de diabetes em pessoas que têm o hábito de comer maçã.
American Journal of Clinical Nutrition, 2002

Veja, a seguir, alguns estudos que relatam que o vinagre de maçã reduz as taxas de glicemia:

Estudo realizado com dez voluntários saudáveis na Universidade Lund, na Suécia, constatou que a adição de vinagre de maçã no pão branco do café da manhã fez com que a elevação das taxas de glicose e insulina no sangue, após o seu consumo, fosse muito menor do que a esperada. O vinagre no desjejum também reduziu a absorção de paracetamol. Os pesquisadores atribuíram esse fato ao ácido acético do vinagre, e recomendaram o consumo de alimentos fermentados (como o vinagre) para reduzir a taxa de açúcar no sangue e a necessidade de insulina.

European Journal of Clinical Nutrition, 1998

Outro estudo da Universidade Lund descobriu que comer pepino em conserva num café da manhã constituído de pão branco e iogurte baixava drasticamente os picos de glicose e insulina no sangue, enquanto o pepino em estado natural não produzia qualquer efeito. A conclusão a que chegaram foi de que a queda se deveu à presença de vinagre na conserva do pepino.

American Society for Clinical Nutrition, 2001

Em um estudo da Universidade Estadual do Arizona envolvendo 21 pessoas com diabetes ou pré-diabetes, cada uma bebeu água contendo 2 colheres (sopa) de vinagre de maçã antes de um café da manhã basicamente de carboidratos. O vinagre aumentou a sensibilidade à insulina em 34 por cento naqueles com resistência ao hormônio e em 19 por cento nos que tinham diabetes. Eles adquiriram maior capacidade de levar açúcar do sangue para as células e suas taxas de glicemia e insulina melhoraram. Na verdade, entre os diabéticos, a taxa de glicose no sangue foi 25 por cento menor, e, nos pré-diabéticos, quase 50 por cento menor.

Diabetes Care, 2004

Segundo um estudo experimental realizado com doze voluntários saudáveis na Universidade Lund, ingerir vinagre de maçã com um café da manhã à base de pão branco aumenta a sensação de saciedade; quanto maior a quantidade de vinagre, maior o efeito.

European Journal of Clinical Nutrition, 2005

Em um estudo experimental da Universidade Estadual do Arizona, onze pessoas diabéticas receberam 2 colheres (sopa) de vinagre de maçã e um pequeno pedaço de queijo antes de dormir. O vinagre reduziu em 6 por cento a taxa de açúcar no sangue antes do café da manhã, revelando que seu efeito é duradouro.

Journal of the Federation of American Societies for Experimental Biology, 2007

Tudo isso indica que o vinagre pode ser muito útil no controle da glicemia em pessoas diabéticas e desacelerar a progressão do pré-diabetes para o diabetes. Um possível motivo para isso seria o esvaziamento mais demorado do estômago. Outro, por cortesia de pesquisadores japoneses (*American Society for Nutritional Sciences*, 2000), seria que o ácido acético desativa as enzimas intestinais (dissacaridases) que convertem açúcares em glicose. Isso seria capaz de prevenir elevações exageradas ou súbitas de glicemia e, portanto, reduzir a necessidade de insulina. Outros estudos sugerem que o ácido acético ajuda a normalizar a liberação de açúcar pelo fígado, bem como a produção de açúcar no fígado a partir de fontes que não contenham carboidratos.

Outros estudos revelam que outros alimentos ácidos, como o suco do limão-siciliano, o iogurte, o pão caseiro tradicional, fermentado lentamente, e o kenkey (milho fermentado) também reduzem a elevação da glicemia após as refeições – alguns alimentos mostraram-se tão eficientes quanto a metformina, um medicamento oral para diabetes. O consumo de alimentos ácidos é tradicional em diversos países e pode ser um dos fatores para a menor incidência de diabetes nesses povos. Muitas receitas contêm ácido acético, como o prato japonês sunomono (legumes preparados com vinagre), o sumeshi (arroz feito com vinagre), a salada de batata, a mostarda, peixes em conserva e molhos de salada à base de vinagre.

Assim como no caso da maçã, os microrganismos do cólon decompõem a pectina, liberando ácidos graxos de cadeia curta como o ácido butírico. Isso ajuda a evitar elevações de glicemia, diminuindo a liberação de insulina e inibindo a quebra do açúcar armazenado no fígado (glicogênio). O suco de maçã contém menos pectina, por isso eleva a glicemia mais rapidamente. Os ácidos graxos de cadeia curta ainda ajudam de outra maneira, pois inibem a proteína C-reativa, um indicador sanguíneo de inflamação e um prognosticador de diabetes.

Recomendação: Parece sensato para pessoas pré-diabéticas ou diabéticas comer uma maçã por dia e ainda acrescentar vinagre de maçã aos alimentos (ou beber 2 colhere de chá de vinagre de maçã diluídas em 1 copo de água três vezes ao dia durante as refeições), ou então comer outros alimentos fermentados ou em conserva de vinagre.

Diarreia

A pectina da maçã é solúvel em água e, no intestino, forma um gel que ajuda a aglutinar a matéria presente em seu interior em fezes e, dessa maneira, reduzir sua frequência de passagem. O melhor é que as bactérias "boas" do intestino quebram parte da pectina, formando um revestimento protetor para a mucosa intestinal que acalma qualquer irritação. Tal quebra libera ácidos graxos de cadeia curta (como o ácido butírico) com propriedades prebióticas, ou seja, nutrem as bactérias "boas", ou probióticas, do intestino, como os lactobacilos e as bifidobactérias. A propriedade prebiótica da pectina fortalece as células do cólon e as tornam mais capazes de produzir o muco protetor que ajuda a evitar que substâncias irritantes se prendam à mucosa intestinal, gerando inflamações.

Outro tipo de fibra presente na maçã, a celulose, atrai água e avoluma o conteúdo intestinal, tornando-o menos líquido. Cozinhar a maçã já amacia sua celulose, o que dá volume às fezes e diminui a diarreia.

O vinagre de maçã ajuda a matar as bactérias causadoras da diarreia, como a *Escherichia coli*, portanto faz muito bem àquelas pessoas (como metade das que têm mais de 60 anos) que produzem ácido gástrico insuficiente, que deveria atacar as bactérias.

Recomendação: Se estiver com diarreia, coma uma maçã a cada 2-3 horas. A maçã crua faz bem, mas cozinhá-la primeiro (ou assá-la) amacia previamente sua celulose, o que pode ser útil caso esteja com o intestino muito solto.

Você pode, também, experimentar diluir 2 colheres (sopa) de vinagre de maçã em 1 copo de água e beber essa mistura três vezes ao dia.

Doença de Alzheimer

Esta doença decorre da destruição das células do cérebro e está relacionada com a acumulação da proteína amiloide e agrupamentos de fibras nervosas emaranhadas. Sua causa ainda não foi definida, mas sabe-se que é hereditária e mais comum em pessoas mais velhas e após alguma lesão grave na cabeça.

Embora não seja comprovado, é possível que o consumo de maçã ajude a prevenir a doença de Alzheimer, ou, pelo menos, a desacelerar seu desenvolvimento. Um motivo é o fato de pessoas com a doença tenderem a apresentar altos níveis do aminoácido homocisteína e serem particularmente propensas à carência das vitaminas B que normalizam as taxas de homocisteína. A maçã contém pequenas quantidades de ácido fólico e vitamina B_6, que está entre as vitaminas B com melhor efeito. Assim, a fruta pode contribuir para a ingestão de vitamina B.

Diversos estudos sugerem que uma pequena dose diária de aspirina ou de outros anti-inflamatórios não esteroides é capaz de inibir a doença de Alzheimer. Não há evidências suficientes que sustentem a prescrição a longo prazo de tais medicamentos – além disso, eles podem provocar hemorragias estomacais. A maçã, seu suco, a sidra e o vinagre dessa fruta, todos com casca, são boas fontes de salicilatos com propriedades semelhantes às da aspirina.

E o mais importante, pesquisas indicam que os danos cerebrais gerados pela oxidação de ácidos graxos como o araquidônico e o docosahexaenoico contribuem para o Alzheimer – e a maçã contém antioxidantes.

Por fim, segundo estudos, o aumento da quantidade de um neurotransmissor (condutor de mensagens nervosas) denominado acetilcolina no cérebro pode reduzir o declínio mental ligado à doença. Recentemente, descobriu-se que a maçã, em especial o seu suco, aumenta os níveis de acetilcolina.

Testes de laboratório realizados nos Estados Unidos e na Coreia constataram que o pigmento vegetal antioxidante quercetina ajuda a proteger as células cerebrais de ratos da oxidação. A casca da maçã é rica em quercetina. Portanto, é possível que o consumo de maçãs com casca ajude na prevenção do Alzheimer.

Journal of Agricultural and Food Chemistry, 2004

Pesquisadores da Universidade de Massachusetts suspeitam que os nutrientes presentes na maçã e em seu suco melhoram a memória de ratos e protegem contra a deterioração oxidativa que contribui para os distúrbios cerebrais ligados ao envelhecimento, como o Alzheimer. O consumo de suco de maçã protegeu os ratos do estresse oxidativo e melhorou ligeiramente a memória deles, possivelmente pela elevação de acetilcolina no cérebro.

Journal on Nutrition Health and Aging, 2004

Recomendação: Coma uma maçã por dia, pois esse hábito faz bem à saúde como um todo e pode até ajudar a prevenir a doença de Alzheimer.

Doença de Parkinson

Esta doença resulta da degeneração das células do cérebro que produzem o neurotransmissor dopamina. As causas não são claras, mas os cientistas acreditam que os genes e a infecção cerebral tenham alguma participação.

Estudos sugerem que o consumo de uma maçã ao dia ajuda a reduzir o risco de distúrbios neurodegenerativos como o Parkinson.

Um estudo realizado na Universidade Cornell, nos Estados Unidos, comparou como dois grupos de células nervosas de ratos se comportaram com a presença de peróxido de hidrogênio, um oxidante comum.

Um grupo foi tratado previamente com extratos fenólicos de maçã; quanto maior a concentração do extrato, maior a proteção contra a oxidação.

Journal of Food Science, 2004

Um estudo na mesma universidade revelou que o antioxidante quercetina parece ser essencialmente responsável pela proteção contra oxidação, e mostrou-se melhor que a vitamina C na proteção de células nervosas. A maçã é rica em quercetina.

Journal of Agricultural and Food Chemistry, 2004

Recomendação: Coma uma maçã todos os dias.

Doença diverticular

Neste mal, o cólon fica repleto de pequenas saliências, chamadas divertículos. Essa diverticulose geralmente não apresenta sintomas, contudo, pode tornar o intestino irritável. A complicação mais comum, a diverticulite, volta a surgir sempre que um divertículo fica inflamado. A doença diverticular é mais comum em pessoas mais velhas, sedentárias ou que sigam uma alimentação ruim, que prejudique o cólon e leve à prisão de ventre.

Por suas fibras insolúveis (como a celulose) e solúveis (como a pectina), a maçã pode ser de grande utilidade. Os dois tipos de fibras ajudam a evitar constipação. E a fermentação da pectina pelas bactérias "boas" do intestino libera ácidos graxos de cadeia curta (como o ácido butírico), contribuindo para a nutrição e a proteção das células da mucosa do cólon.

Recomendação: Coma uma ou duas maçãs todos os dias.

Doença periodontal

O ato de mastigar uma maçã é muito saudável para as gengivas, pois os movimentos repetitivos da mandíbula aumentam o fluxo de sangue para elas. Além disso, a maçã contém compostos fenólicos chamados taninos, que, segundo estudos, ajudam a evitar doenças periodontais, como a gengivite.

Recomendação: Uma maçã por dia fará muito bem às suas gengivas!

Doenças cardíacas

As doenças coronarianas levam a angina e infartos. Ateromas gordurosos acumulam-se nas paredes das artérias coronarianas e, quando elas ficam muito espessas, o músculo cardíaco deixa de receber sangue suficiente para bombeá-lo adequadamente. Os radicais livres presentes no sangue oxidam o colesterol LDL (lipoproteínas de baixa densidade) em ateroma, gerando o tipo mais perigoso de colesterol. Os radicais livres são partículas de oxigênio altamente reativas, que se formam por fatores como alimentação inadequada, infecções, tabagismo e estresse. Eles também fazem com que as células imunológicas inflamem as paredes das artérias. O ateroma e a inflamação formam cicatrizes, tornando irregular o revestimento das artérias, fazendo com que fiquem menos elásticas e levando ao aumento da pressão sanguínea. Os radicais livres também são responsáveis pela formação de coágulos, capazes de bloquear uma artéria e provocar um infarto.

Estudos indicam que a maçã e o suco de maçã ajudam a prevenir infarto, talvez graças a seus flavonoides como a quercetina e as catequinas:

Cientistas finlandeses que avaliaram 5.133 pessoas inicialmente saudáveis por mais de vinte anos descobriram que o risco de morrer de doença cardíaca era menor naqueles que comiam mais maçãs e outros alimentos ricos em flavonoides.

British Medical Journal, 1996

Um estudo da UC Davis (Universidade da Califórnia) com 25 pessoas saudáveis constatou que, quando elas consumiam 350 mililitros de suco de maçã ou duas maçãs por dia, seu colesterol demorava mais para oxidar. O colesterol que oxida mais lentamente é associado ao menor risco de doença cardíaca.

Journal of Medicinal Food, 2001

Segundo um estudo norte-americano com quase 40.000 mulheres ao longo de aproximadamente sete anos, aquelas que consumiam maçãs apresentavam possibilidade até 22 por cento menor de desenvolver doenças cardíacas que aquelas que não comiam maçãs. Embora essa descoberta não seja estatisticamente significativa, os pesquisadores consideraram que valia a pena dar continuidade à pesquisa.

American Journal of Clinical Nutrition, 2003

Um artigo de pesquisa feito por médicos na Escola de Medicina da Universidade de Boston sugere que os flavonoides melhoram o comportamento das células do revestimento arterial e ajudam a evitar a formação de coágulos sanguíneos. Isso explicaria, em parte, qualquer efeito benéfico sobre o risco de doença cardiovascular.

American Journal of Clinical Nutrition, 2005

A análise de dezesseis anos de informações sobre 34.000 mulheres após a menopausa no Iowa Health Study – todas, inicialmente, sem problemas cardiovasculares – descobriu relações inversas consideráveis entre antocianidinas e a mortalidade por doença coronariana cardíaca, por doença cardiovascular e mortalidade total; entre flavanonas e mortalidade por doença coronariana cardíaca; e entre flavanonas e a mortalidade total. A maçã estava entre os alimentos especificamente associados com a significativa redução da mortalidade por doença coronariana cardíaca e doença cardiovascular.

American Journal of Clinical Nutrition, 2007

Outra possibilidade é que os salicilatos presentes na casca da maçã, assim como a aspirina (ácido acetilsalicílico), desestimulem infartos decorrentes de inflamações das artérias coronarianas.

E, finalmente, microrganismos "bons" degeneram a pectina da fruta no intestino grosso, liberando ácidos graxos de cadeia curta de muita utilidade, como o ácido butírico. Tais ácidos reduzem o colesterol LDL (o tipo potencialmente perigoso) e elevam o HDL (o tipo potencialmente protetor). Eles também inibem a proteína C-reativa, um indicador sanguíneo para inflamações e doença cardiovascular.

Quanto ao vinagre de maçã:

Pesquisadores da Universidade Harvard que acompanharam 76.283 mulheres por dez anos descobriram que aquelas que tinham o hábito de usar de 1-2 colheres (sopa) de vinagre de maçã e azeite para temperar a salada apresentavam cerca da metade do risco de manifestar doenças cardíacas. Essa maneira comum de temperar a salada é fonte de ácido linoleico, uma gordura poli-insaturada com conhecidas propriedades benéficas ao coração. Mas seria interessante considerar se o vinagre também contribuiu de alguma maneira.

American Journal of Clinical Nutrition, 1999

Recomendação: Você faria um grande favor ao seu coração consumindo maçã e vinagre dessa fruta todos os dias.

Doenças crônicas

Comer uma maçã por dia seria uma sábia decisão:

Um estudo finlandês que acompanhou 10.054 pessoas a partir de 1966 indica que o consumo frequente de maçã desestimula muitas doenças crônicas, como asma, doenças cardíacas, cânceres, derrames e diabetes.

American Journal of Clinical Nutrition, 2002

Recomendação: Coma uma maçã todos os dias, pois isso fará muito bem à sua saúde em geral e pode ajudar a prevenir algumas doenças.

Dor de cabeça

O vinagre é um ingrediente muito usado para aliviar dores de cabeça. O porquê não é certo, mas há profissionais da medicina complementar que acreditam que as dores de cabeça são provocadas por diversos "sistemas tampão" do corpo, obrigando-o a fazer esforço extra para manter o pH do sangue dentro de sua variação normal; para outros, as dores de cabeça resultam do fato de o pH estar mais alcalino que o normal.

Recomendação: Molhe a cabeça com vinagre de maçã, ou aplique uma toalha embebida em uma mistura de 600 mililitros de água com 2 colheres (sopa) de vinagre de maçã.

Coloque 1 colher (sopa) de vinagre de maçã num vaporizador e, mantendo-se próximo a ele, inale o vapor durante uns quinze minutos. Ou, então, beba 1 xícara de água quente contendo 3 colheres (chá) de vinagre de maçã, três vezes por dia.

Eczema

Lavagens com vinagre de maçã constituem um método muito usado para tratar eczema. A inflamação do eczema faz o pH da pele subir acima de sua variação levemente ácida de 4,2-5,6. A acidez normal previne infecções em peles eczematosas ao inibir a multiplicação de bactérias e fungos potencialmente nocivos. As lavagens com vinagre de maçã têm praticamente o mesmo pH de uma pele sadia.

Recomendação: Experimente lavar a área afetada da pele com uma mistura de vinagre de maçã e água, na mesma proporção, duas vezes ao dia. Evite regiões de pele rachada, pois podem arder.

Envelhecimento

Muito já se pesquisou sobre hábitos que incentivam a vida longa e desestimulam enfermidades associadas ao envelhecimento (artrite, doença cardíaca, diabetes, câncer, osteoporose e mal de Alzheimer). Alguns exemplos de povos longevos são os georgianos (da Rússia), alguns grupos do Paquistão, Equador, China, Tibete e Peru. A ligação entre eles é o fato de viverem em grandes altitudes, onde as águas que derretem das geleiras são ricas em minerais alcalinos, como cálcio, que ajuda a manter o pH (equilíbrio ácido-base) do corpo saudável, sem retirar o cálcio dos ossos.

A maçã, seu suco e o vinagre têm efeito alcalinizador no organismo, portanto, também ajudam a reter o cálcio.

Outro possível fator para a longevidade desses povos é o hábito de consumir legumes, frutas, leite, cereais, carnes ou peixes fermentados. Ainda não se sabe ao certo se isso decorre do fato de a fermentação reduzir os carboidratos nos alimentos; da fermentação de alguma bactéria remanescente ou pela presença de ácidos obtidos por fermentação (como o láctico ou o acético). Qualquer que seja o motivo, a medicina popular há muito tempo defende que o vinagre de maçã (suco de maçã fermentado) ajuda a combater males ligados à idade; sem dúvida, ingeri-lo antes da refeição diminui o risco de aumento posterior da taxa de glicose (*veja* Diabetes). Além disso, as pessoas com menor produção de ácido gástrico (caso de metade dos indivíduos acima de 60 anos nas culturas ocidentalizadas) que consomem vinagre de maçã, absorvem melhor diversos nutrientes (proteínas, carboidratos, gorduras, vitaminas A, B, C e E, cálcio, ferro, magnésio, zinco, cobre, cromo, selênio, manganês, vanádio, molibdênio, cobalto).

Pesquisadores norte-americanos afirmam que a deficiência de minerais e vitaminas pode acelerar a degeneração das mitocôndrias (estruturas celulares que fornecem energia). Entre as deficiências que mais se destacam estão as de ferro, zinco, biotina, ácido pantotênico, magnésio e manganês.

Molecular aspects of medicine, 2005

A maçã ajuda a reduzir as inflamações associadas a doenças cardíacas, artrite e Alzheimer porque contém antioxidantes e salicilatos semelhantes aos da aspirina, com propriedades anti-inflamatórias. Quando a casca da fruta é mantida, suas quantidades são maiores. No suco da maçã, a concentração é menor.

O consumo dessa fruta também está relacionado com menores riscos de sofrer derrame e desenvolver câncer e diabetes do tipo 2 (*veja* Doenças crônicas).

Por fim, a pectina se liga a metais pesados potencialmente tóxicos, como alumínio e chumbo, no intestino, favorecendo sua eliminação. Na verdade, na Rússia, a pectina é prescrita para remover metais pesados do organismo. Esses metais podem formar "ligações cruzadas" prejudiciais com as células do cérebro e de outras partes do corpo. Assim, a capacidade da pectina de se ligar a esses elementos significa proteção contra a degeneração e o envelhecimento prematuros.

Recomendação: Até sabermos mais, proteja-se comendo uma maçã por dia e usando vinagre de maçã em diversas receitas, ou, então, tomando 2 colheres (chá) diluídas em 1 copo de água de duas a três vezes ao dia.

Fadiga

A maçã fornece açúcar, bem como pequenas quantidades de vitaminas B, que ajudam a evitar fadiga. Mais importante, é fonte de fibras, que contribuem para estabilizar a taxa de glicose no sangue, ajudando a prevenir as quedas bruscas, às vezes associadas com a fadiga.

Teoricamente, pelo menos, o vinagre de maçã combateria o cansaço ligado à baixa produção de ácido gástrico – que impede a absorção adequada de nutrientes e é mais comum com a idade e o estresse.

Uma pesquisa da Universidade de Nagoya, no Japão, descobriu que a inclusão do ácido acético – o principal componente do vinagre de maçã – na alimentação de ratos aumentou a reposição do açúcar armazenado no fígado e nos músculos (glicogênio). Isso indica que o vinagre de maçã é útil para combater a fadiga associada à prática de exercícios de resistência.

Journal of Nutrition, 2001

Pesquisadores norte-americanos afirmam que deficiências minerais e de vitaminas aceleram a degeneração das mitocôndrias (as "usinas de energia" das células), que ocorre com a idade. Algumas das principais deficiências são as de ferro, zinco, biotina, ácido pantotênico, magnésio e manganês.

Molecular Aspects of Medicine, 2005

Pesquisadores de Londres desenvolveram um teste (chamado perfil ATP) para verificar se as mitocôndrias estão funcionando adequadamente. Segundo o estudo que realizaram em 71 pessoas com síndrome de fadiga crônica e 53 pessoas saudáveis, no grupo-controle, a disfunção mitocondrial provoca síndrome de fadiga crônica, também conhecida como encefalomielite miálgica.

International Journal of Clinical Experimental Medicine, 2009

Recomendação: Experimente comer uma maçã por dia e ingerir 2 colheres (chá) de vinagre de maçã três vezes ao dia, como tempero, diluído em 1 copo de água, ou acrescentado a suas receitas.

Febre do feno

O vinagre de maçã é muito popular no tratamento de rinite alérgica.

O doutor D.C. Jarvis, de Vermont, estudou 24 pessoas ao longo de dois anos na década de 1950 e descobriu que o pH da urina de cada uma delas se tornava altamente alcalino antes e logo no início de uma crise alérgica (*Folk Medicine*). Ao seguir sua recomendação de ingerir vinagre de maçã, a urina dessas pessoas rapidamente se normalizou, voltando ao seu pH mais ácido, e os surtos alérgicos se tornaram mais amenos. O doutor Jarvis atribuiu isso aos ácidos orgânicos e ao potássio presentes no vinagre de maçã.

Não encontrei outros estudos que comprovassem essa constatação, mas, para um adulto, tentar consumir vinagre de maçã no início de uma crise alérgica não fará mal algum.

Recomendação: Coloque 1 colher (sopa) de vinagre de maçã em 1 copo de água e vá bebendo a mistura ao longo de trinta minutos. Aguarde mais trinta minutos e, então, repita. Outra opção é acrescentar 1 colher (sopa) de vinagre de maçã à sopa ou a outros alimentos.

Hematomas

São a manifestação de vazamento de sangue de minúsculos vasos. Aplicar solução de vinagre de maçã em hematomas é um tratamento popular que vale a pena para diminuir as manchas roxas e acelerar a recuperação.

Recomendação: Com um chumaço de algodão, aplique a solução preparada com 2 colheres (sopa) de vinagre de maçã diluídas em 1 xícara de água fresca.

Hemorragia nasal

Registros isolados mostram que o vinagre de maçã ajuda a estancar hemorragias nasais. E, tradicionalmente, o seu consumo é usado como tratamento por quem sofre com frequência desse tipo de sangramento.

Recomendação: Para testar se o vinagre de maçã ajuda mesmo a estancar uma hemorragia nasal, embeba um chumaço de algodão com vinagre, incline a cabeça para trás e, então, introduza-o na narina afetada.

Caso tenha esse problema sempre, experimente tomar 2 colheres (chá) de vinagre de maçã diluídas em 1 copo de água três vezes ao dia, por uns três meses.

Hemorroidas

Essas doloridas veias intumescidas no ânus ou na parte inferior do reto são geralmente associadas à prisão de ventre.

Recomedação: Acrescentar maçãs à sua alimentação diária pode fazer grande diferença.

Herpes bucal

Essas feridas nos lábios são causadas pela reativação da infecção viral *Herpes simplex* por alguns fatores gatilho como estresse, menstruação, infecção, lesões na pele, luz do sol e fadiga. O vinagre de maçã é um remédio caseiro há muito tempo usado para esse problema.

Recomendação: Com um chumaço de algodão ou lencinho, passe, delicadamente, vinagre puro em seus lábios três vezes ao dia, caso suspeite que uma ferida esteja para surgir. Você também pode aplicá-lo sobre uma ferida já existente, mas isso provoca ardência.

Infecção no ouvido

O vinagre de maçã é um tratamento tradicional para as infecções do ouvido externo.

Recomendação: Acrescente 2 colheres (chá) de vinagre de maçã em ½ xícara (café) de água e aplique com um chumaço de algodão três vezes ao dia.

Intolerância alimentar

A baixa produção de ácido gástrico pode decorrer de estresse, do uso prolongado de antiácidos ou supressores de acidez, ou da idade. A produção normal permite que a enzima digestiva pepsina faça a quebra das proteínas; já sua deficiência resulta na digestão inadequada das proteínas, que são absorvidas pela corrente sanguínea e desencadeiam alergias.

Recomendação: Caso você suspeite que seu estômago produz pouco ácido, comece cada refeição principal com uma salada temperada com vinagre de maçã e azeite, ou então beba antes

1 copo de água com 2 colheres (chá) de vinagre de maçã. É consideravelmente menos acídico que o ácido gástrico, mas, de qualquer maneira, auxilia a digestão.

Manchas senis

As mais comuns são as sardas amarronzadas, causadas pelo envelhecimento natural associado ao tempo de exposição ao sol ao longo da vida.

Há relatos de que a aplicação do vinagre de maçã – sobretudo quando combinado com o sumo da cebola – clareia essas manchas.

Recomendação: Pique uma cebola bem miudinho, envolva-a em musselina e esprema para extrair o sumo. Misture 2 colheres (chá) de vinagre de maçã com 1 colher (sopa) do sumo da cebola e aplique sobre as sardas duas vezes ao dia. Em cerca de seis semanas elas começarão a clarear.

Mau jeito

Acredita-se que o vinagre de maçã alivie dores musculares provocadas por mau jeito. Por quê, entretanto, não se sabe ao certo.

Recomendação: Faça uma compressa de vinagre de maçã na área afetada – você pode encharcar uma toalha de rosto em uma vasilha com água quente e 1 xícara de vinagre de maçã, torcê-la e, então, aplicá-la na região afetada.

Menstruação intensa

Acredita-se que o vinagre de maçã seja capaz de aliviar menstruações intensas.

Recomendação: Se quiser experimentar este tratamento caseiro ainda não comprovado cientificamente, beba uma mistura feita com 2 colheres (chá) de vinagre de maçã diluídas em 1 copo de água duas a três vezes ao dia, ou então acrescente vinagre de maçã a seus pratos.

Osteoporose

Neste mal, o osso afetado é leve e frágil, e suas células são destruídas mais rapidamente do que criadas. Alguns fatores de risco envolvem idade, excesso ou falta de exercício, tabagismo, pouca exposição à luz natural, deficiência de nutrientes que fazem bem aos ossos (cálcio, magnésio, zinco, vitaminas C, D e K e hormônios vegetais), menopausa precoce, anorexia e diversos medicamentos e doenças (entre elas, distúrbios intestinais e da tireoide). Pesquisas apontam cada vez mais para o envolvimento da oxidação e inflamação.

A maçã ajuda a prevenir a osteoporose ou a frear sua evolução por causa de seus antioxidantes como os flavonoides, que combatem a inflamação e a oxidação. Ela contém, também, boro, que os pesquisadores acreditam ser capaz de melhorar os níveis de estrogênio e reduzir a perda pela urina de minerais benéficos aos ossos. Outro componente, presente em concentrações menores, é o fitoestrogênio genisteína. A perda de densidade óssea perto da menopausa é bem menor em mulheres que ingerem mais estrogênios vegetais; na maçã, sua concentração é pequena, mas não irrelevante, desde que faça parte de uma dieta saudável. A pectina também faz muito bem, pois as bactérias boas dos intestinos fazem sua quebra e liberam ácidos graxos de cadeia curta, que elevam a acidez no intestino grosso, aumentando, assim, a absorção de minerais como cálcio e magnésio.

O vinagre de maçã também tem sua utilidade. Antes de tudo, porque extrai cálcio dos alimentos, ou suplementos mais solúveis, que são, portanto, mais bem absorvidos. Proporciona, também, acidez extra ao estômago, o que é muito bom para as pessoas em que a baixa produção de ácido gástrico provoca menor absorção de cálcio e alguns outros nutrientes. E além disso, embora seja ácido, o resultado final de sua digestão e seu metabolismo é levemente alcalino.

Pesquisadores franceses relataram que o composto fenólico florizina, presente na maçã, evita a perda óssea associada a inflamação em ratos. Se tiver a mesma ação no homem, então o consumo de maçã pode prevenir ou tratar a osteoporose.

Calcified Tissue International, 2005

Recomendação: Vale incluir maçã e vinagre de maçã em sua alimentação diária para ajudar a prevenir ou tratar a osteoporose.

Pé de atleta

Esta infecção fúngica deixa a pele entre os dedos do pé sensível e úmida e costuma ser contraída em vestiários ou áreas de piscinas. Relatos sugerem que o vinagre de maçã é útil para amenizar o problema.

Recomendação: Todos os dias, deixe os pés de molho por cinco a dez minutos em água morna, com 4 colheres (sopa) de vinagre de maçã e 10 gotas de óleo de melaleuca.

Pedras nos rins

Acredita-se que o vinagre de maçã ajude a dissolver pedras comuns, contendo cálcio. Essas pedras são mais comuns quando a hiperacidez dos líquidos corporais leva os ossos e os dentes a desprender cálcio e excretá-lo pela urina para manter o pH dentro de sua variação normal. O vinagre de maçã, diferentemente dos outros tipos de vinagre, tem efeito levemente alcalinizador após ter sido digerido, portanto, teria a capacidade de reduzir a necessidade do corpo de retirar cálcio dos ossos. Outro efeito a ele atribuído seria reduzir os picos de insulina – hormônio que estimula a formação de pedras, fazendo com que os rins liberem mais cálcio pela urina – no sangue após a ingestão de carboidratos.

A maçã e o seu suco podem ser úteis na prevenção ou dissolução das pedras, uma vez que também têm efeito alcalinizador. Além disso, fornecem vitamina B_6 e magnésio, o que é muito bom, já que, segundo pesquisadores, a falta desses nutrientes levaria à formação de pedras.

Recomendação: Se você tiver propensão a desenvolver pedras nos rins, experimente incluir maçã, suco e vinagre de maçã na sua alimentação diária.

Perda de memória

Relatos sugerem que o vinagre de maçã ajuda a memória. Quanto à maçã e ao seu suco:

Pesquisadores da Universidade de Massachusetts suspeitam que nutrientes encontrados na maçã e no suco de maçã aperfeiçoam a memória e o aprendizado em ratos e também protegem contra os danos oxidativos que contribuem para a manifestação de distúrbios cerebrais associados à idade, como a doença de Alzheimer. O consumo de suco de maçã protegeu-os do estresse oxidativo e melhorou, mesmo que levemente, sua memória e seu aprendizado, possivelmente por elevar o neurotransmissor acetilcolina. A quantidade, para uma pessoa, equivaleria a dois copos de 235 mililitros de suco de maçã, ou o consumo de duas a três maçãs por dia.

Journal on Nutrition, Health and Aging, 2004

Recomendação: As evidências de que a maçã, bem como o suco e o vinagre feitos com ela, pode aprimorar a memória ou desacelerar sua perda são apenas empíricas, mas não custa nada adotá-los em sua alimentação.

Picadas de insetos

Aplicar vinagre é uma maneira muito popular de tratar ferroada de vespa. Já a picada de abelha requer bicarbonato de sódio. Uma maneira fácil de diferenciar é associar o "V" de "vespa" com o "V" de "vinagre". Uma possível explicação é que o vinagre converte certas toxinas do veneno da vespa em compostos de acetato menos tóxicos.

Outro uso muito tradicional do vinagre é no tratamento de queimaduras de muitas espécies de água-viva, uma vez que ele desativa suas células venenosas. No entanto, imergir a região afetada em água quente por 4 minutos, se possível, é ainda mais eficaz. Mas, atenção, não passe vinagre em uma queimadura de caravela-portuguesa, pois, segundo pesquisadores, isso pode fazer com que as células venenosas que ficaram impregnadas na pele liberem ainda mais veneno.

Recomedação: Com um chumaço de algodão, aplique vinagre de maçã puro na picada de vespa ou na queimadura de água-viva.

Piolho

Embora o vinagre de maçã não seja capaz de exterminar os piolhos, ele consegue desprender a cola que mantém seus ovos (lêndeas) presos ao cabelo.

Recomendação: Misture 1 xícara de vinagre de maçã com 1 xícara de água. Aplique no cabelo molhado e aguarde trinta minutos. Molhe o cabelo com água e passe um condicionador à base de silicone em grandes quantidades. Primeiro, penteie os fios com um pente de dentes largos, depois, use um pente fino para remover qualquer piolho que ficar. Então, lave com xampu. Algumas lêndeas podem ficar para trás, por isso, repita esse procedimento duas vezes por semana, durante duas semanas, de modo a não deixar escapar nenhum piolho recém-nascido.

Pressão alta

Alguns dos fatores de risco são obesidade, hiperatividade do hormônio renina, resistência à insulina (pré-diabetes), sensibilidade ao sal, idade e genética, embora muitas vezes as causas não sejam óbvias. O vinagre influencia diversos desses fatores, e estudos experimentais sugerem que ele seja capaz de baixar a pressão sanguínea.

Existem cinco motivos possíveis. Primeiro, ele aumenta o óxido nítrico (que relaxa os vasos sanguíneos). Segundo, tem ação semelhante à de medicamentos para o controle da pressão sanguínea, que inibem a enzima de conversão de angiotensina e, portanto, reduzem a produção do hormônio vasoconstritor angiotensina II). Terceiro, dá sabor aos alimentos, reduzindo a necessidade de consumo de sal. Quarto, sua adição a cozidos ou caldos que contenham ossos libera parte de seu cálcio, o que é de grande ajuda às pessoas com deficiência desse nutriente, uma vez que ele ajuda a manter a boa pressão sanguínea. E, finalmente, o vinagre de maçã estimula a perda de peso, o que, por sua vez, ajuda a baixar a pressão.

Pesquisadores japoneses constataram que a administração a longo prazo de vinagre ou ácido acético em ratos baixa sua pressão sanguínea. Eles atribuíram o efeito do vinagre ao ácido acético. Para eles, esse componente reduz a atividade da renina, fazendo cair, portanto, a angiotensina II. Esta, então, baixa a pressão sanguínea, reduzindo o volume de sangue e relaxando os vasos sanguíneos.

Bioscience, Biotechnology, and Biochemistry, 2001

A maçã contribui para esses resultados porque fornece potássio (que regula os líquidos corporais), magnésio (que relaxa as paredes dos vasos sanguíneos) e fibras.

Recomendação: Se quiser fazer um teste com o vinagre de maçã, use-o em duas ou três refeições do dia, ou tome 1 colher (chá) de vinagre diluída em 1 copo de água três vezes ao dia.

Prisão de ventre

Má alimentação e desidratação estão entre as causas mais prováveis da constipação. Comer maçã em seu estado natural e com a casca pode ajudar, pois ela é rica em fibras hidrossolúveis, como as pectinas e compostos similares. A pectina se dissolve na água, formando um gel que amacia as fezes e facilita sua passagem pelo intestino. A maçã com casca também contém celulose; esta fibra insolúvel atrai água, dando às fezes consistência mais mole e volumosa, acelerando seu "trânsito" pelo intestino grosso.

Embora o suco de maçã turvo apresente menor quantidade de pectina, ele, ainda assim, pode ser útil.

Recomendação: Adote maçãs e, quem sabe, suco natural de maçã, em sua alimentação diária.

Resfriados e dor de garganta

Mastigar uma maçã faz sua pectina ganhar volume e forma uma camada protetora e calmante na garganta inflamada. Isso explica seu uso em certos medicamentos para a garganta existentes no mercado. A vitamina C da maçã pode encurtar a duração de um resfriado. Outro benefício da fruta é que a fermentação da pectina no intestino grosso libera ácidos graxos de cadeia curta (como o ácido butírico) com qualidades prebióticas – ou seja, que nutrem as bactérias boas ou probióticas do intestino, como os lactobacilos e as bifidobactérias. Estas, por sua vez, são ótimas para a imunidade do corpo.

Um estudo realizado na Alemanha com 479 voluntários comprovou estudos anteriores ao constatar que ingerir cápsulas probióticas contendo lactobacilos e bifidobactérias diminui a intensidade de resfriados, reduz sua duração em aproximadamente dois dias e aumenta as células imunológicas, como os linfócitos T.

Clinical Nutrition, 2005

Na década de 1950, o doutor D.C. Jarvis, de Vermont, estudou 24 pessoas por dois anos e descobriu que o pH da urina delas estava altamente alcalino pouco antes e logo no início de um resfriado (*Folk Medicine*). Quando, aconselhadas por ele, essas pessoas passaram a ingerir vinagre de maçã, o pH da urina delas voltou a ter sua característica mais ácida e os resfriados não progrediram ou cessaram rapidamente. O doutor Jarvis atribuiu esse feito ao potássio e aos ácidos presentes no vinagre de maçã. Embora uma amostragem com 24 pessoas seja muito pequena e não haja outros estudos conhecidos que corroborem essa pesquisa, mesmo assim, seria muito bom se você experimentasse tomar vinagre de maçã nos primeiros estágios de um resfriado ou dor de garganta.

Um tratamento tradicional para a garganta inflamada é o gargarejo com vinagre de maçã diluído; não se sabe ao certo por quê, mas, de qualquer maneira, esse vinagre tem algumas propriedades antibacterianas.

Recomendação: Em 1 copo de água, ponha 1 colher (sopa) de vinagre de maçã e beba a mistura, em goles pequenos, ao longo de trinta minutos. Aguarde mais trinta minutos e repita o tratamento. Se achar o gosto ruim, em vez de misturar o vinagre à água, acrescente-o a uma sopa.

Faça gargarejo duas vezes ao dia com a mistura de 1 colher (chá) de vinagre de maçã em 1 copo de água.

Síndrome do intestino irritável (SII)

Entre os principais sintomas estão dor, prisão de ventre, diarreia, perda de muco, sensação de intestino sempre cheio, flatulência, distensão abdominal. A cada três pessoas, uma tem intestino irritável; a cada cinco, uma apresenta o problema com frequência – este último caso é que caracteriza a síndrome.

A pectina, fibra solúvel presente na maçã, pode amenizar os sintomas, em parte porque torna as fezes mais flexíveis, facilitando, assim, seu trânsito.

Recomendação: Experimente comer uma maçã diariamente.

Síndrome metabólica

Este conjunto de sintomas é um grande fator para o surgimento de diabetes, doenças cardíacas ou derrames. Este mal atinge uma a cada cinco pessoas e é também conhecido como síndrome de resistência à insulina ou síndrome x. É mais comum em pessoas mais velhas e pode ter relação com a síndrome do ovário policístico. O diagnóstico é baseado na combinação (sujeita a discussão) de taxa elevada de glicemia em jejum (pré-diabetes), pressão alta, o chamado corpo em forma de maçã (em que a gordura se concentra mais no abdômen), baixa taxa de HDL e alta de triglicérides no sangue. A maioria das pessoas com essa síndrome é sedentária, obesa e resistente a insulina – não é certo, entretanto, se obesidade e resistência a insulina são causas ou consequências de um problema mais complexo. Alguns pesquisadores acreditam que a inflamação e a oxidação têm parte nisso. E, sem dúvida, as pessoas afetadas têm maior tendência a apresentar níveis mais altos de proteína C-reativa, que indicam inflamação.

A Pesquisa Nacional de Saúde e Nutrição dos Estados Unidos (1999-2004) revelou uma redução de 27 por cento no risco de manifestar síndrome metabólica entre as pessoas que consomem maçã, compota ou suco de maçã com frequência. Além disso, mostraram queda de 30 por cento nas possibilidades de ter pressão diastólica alta; propensão 21 por cento menor de concentrar gordura no abdômen; e níveis menores de proteína C-reativa, um indicador de inflamação.

Experimental Biology Meeting, 2004

Recomendação: Comer uma maçã ao dia é uma sábia decisão.

Sobrepeso e obesidade

A maçã contém pectina, fibra solúvel que diminui a absorção de açúcar pelo intestino. Isso evita ataques de fome e o risco de a pessoa se empanturrar. A pectina também interfere na absorção de gorduras. Uma teoria defende que isso acontece porque as pectinas formam um gel no estômago, que elimina os triglicérides e impede que sejam absorvidos.

Pesquisadores do Texas constataram que a ingestão de pectina aumenta a sensação de saciedade.

Journal of the American College of Nutrition, 1997

Pesquisadores do Rio de Janeiro relataram que as mulheres de meia-idade em dieta para emagrecimento que comiam três ou quatro maçãs ou peras diariamente perderam mais peso.

Nutrition, 2003

Há milhares de anos, o vinagre é tido como promotor de perda de peso. Pesquisas antigas indicam que, se o vinagre de maçã realmente ajuda, isso ocorre porque ele dá sensação de saciedade após as refeições, auxilia o organismo a queimar calorias mais rapidamente e compensa uma possível falta de ácido gástrico.

A baixa acidez do estômago afeta cerca de 50 por cento das pessoas acima de 60 anos e é piorada por estresse ou pelo uso prolongado de medicamentos para o estômago, como antiácidos. A má absorção de muitos nutrientes (como proteínas, vitaminas B e C, cálcio, ferro, magnésio, zinco, cobre, cromo, selênio, manganês, vanádio, molibdênio e cobalto) está ligada à acidez insuficiente no estômago. Outra revelação é que a má absorção de nutrientes leva a pessoa a querer comer mesmo quando não está com fome. O vinagre de maçã aumenta a absorção desses nutrientes, elevando a acidez estomacal. E melhorando a digestão de proteínas, mostra-se muito benéfico para as pessoas que oxidam o açúcar rapidamente e tendem a sentir muita fome cerca de três horas após uma refeição. Isso ocorre porque, ao esgotar o açúcar disponível, passam imediatamente a produzir energia a partir de proteínas.

O vinagre de maçã também auxilia a absorção de gorduras e vitaminas A e E ao estimular a liberação de bile e enzimas pancreáticas no intestino. E ainda reduz a elevação do açúcar no sangue após as refeições. Isso não só previne picos de glicemia, como também a queda brusca de glicose no sangue que às vezes se segue – o que, então, pode desencadear a vontade de comer além da conta. Se a capacidade de baixar a glicemia se deve ao ácido acético ou a outro componente ainda não se sabe.

Segundo pesquisa realizada no Japão, o ácido acético baixa a glicemia ao reduzir a atividade de dissacaridases (enzimas que quebram açúcares complexos em açúcares simples antes da absorção).

Journal of Nutrition, 2000

Quando doze voluntários tomavam 2 colheres (sopa) de vinagre antes de uma refeição rica em carboidratos, apresentavam taxas de glicose e insulina inferiores às esperadas, e sua sensação de satisfação mais que dobrou.

European Journal of Clinical Nutrition, 2005

Um estudo com dezoito pessoas na Universidade Southern Utah avaliou como os ácidos presentes no vinagre, em conservas, no ácido acético, nos sucos de limão e limão-siciliano e num placebo influenciavam a taxa de glicose no sangue após um lanchinho de carboidrato. O único que baixou essa taxa de maneira significativa foi o vinagre, o que indica que outros de seus componentes, além do ácido acético, contribuem para esse resultado.

Journal of the Federation of American Societies for Experimental Biology, 2006

Um relatório afirma que mulheres na faixa dos 50 anos que tomavam suplementos de cálcio ganharam quase 2,5 quilos menos ao longo de dez anos do que as que não tomavam. Isso indica que as pessoas com pouco ácido gástrico podem perder peso com mais facilidade se aumentarem sua absorção de cálcio ingerindo vinagre durante as refeições.

Relatório on-line de trabalho realizado no Centro de Pesquisa do Câncer Fred Hutchinson, em Seattle, 2006

Pesquisadores japoneses relatam que os ratos que receberam alimentação rica tanto em gordura quanto em ácido acético todos os dias, por seis semanas, ganharam muito menos gordura corporal que aqueles que receberam apenas alimentos ricos em gordura. Eles também perceberam que entre os participantes do primeiro grupo houve maior ativação dos genes responsáveis por produzir as proteínas que fazem a quebra da gordura. Essas descobertas os levaram a crer que o ácido acético ativa os genes que quebram gorduras.

Journal of Agricultural and Food Chemistry, 2009

Recomendação: Vale a pena adotar a maçã e o vinagre de maçã em sua dieta se quiser manter ou alcançar um peso saudável.

Soluços

Causas muito prováveis são estômago muito cheio, por comer além da conta; pouco ácido gástrico, o que reduz a digestão de proteínas; ou alimentos gordurosos ou com muito açúcar, que desaceleram o esvaziamento do estômago e estimulam a fermentação. O vinagre de maçã é um tratamento tradicional para isso.

Recomendação: Para evitar ataques frequentes de soluço, adicione vinagre de maçã à sua comida, ou então tome 1 colher (chá) do vinagre diluída em 1 copo de água antes das refeições. Para tentar parar o soluço, beba a mesma solução, bem devagar, ou tome 1 colher (chá) de vinagre de maçã puro.

Tosse (*veja também* Bronquite e enfisema)

O vinagre é usado há milhares de anos para combater infecções; Hipócrates (460-377 a.C.), por exemplo, prescrevia-o para tratar tosses persistentes. A fruta em si também pode ajudar.

Pesquisadores constataram que o alto consumo de fibras e frutas por indivíduos com bronquite crônica está associado com a menor tendência a tossir. Para eles, os flavonoides podem ser parcialmente responsáveis – e maçãs inteiras são mais ricas neles.
American Journal of Respiratory and Critical Care Medicine, 2004

Um estudo realizado durante cinco meses sobre os hábitos alimentares de 63.257 pessoas em Cingapura revelou que a alimentação rica em fibras alimentares reduz a tendência a apresentar tosse.
American Journal of Respiratory and Critical Care Medicine, 2004

Um exemplo de tratamento popular para a tosse é a aplicação de um pouco de vinagre de maçã no peito ou no travesseiro à noite – pequenas quantidades de vapor de ácido orgânico do vinagre podem ser absorvidas pelo corpo através das vias nasais ou da pele, mas, como isso ocorre, ainda não se sabe ao certo.

Recomendação: Pessoas com tendência a tosse podem experimentar comer uma ou duas maçãs inteiras, com a casca, todos os dias.

Outra sugestão – que pode parecer meio maluca, mas, se funciona, e daí? – é molhar um pouco de papel de embrulho marrom em vinagre de maçã e aplicá-lo sobre o peito; depois, cobrir com uma toalha e relaxar por vinte minutos. Ou, então, borrifar um pouco de vinagre em seu travesseiro (coberto com uma fronha velha!) todas as noites.

Úlcera péptica

Um muco espesso é responsável por proteger o estômago e o duodeno do ácido gástrico e da enzima digestiva pepsina. Caso algo afete o muco, as células da mucosa ou o volume de ácido, existe o risco de ocorrer uma úlcera. Em geral, isso se deve à inflamação decorrente de infecção pela bactéria *Helicobacter pylori*. Ela não só é a principal causa de úlceras como também de gastrite e câncer no estômago. A cada cinco pessoas, duas contraem a bactéria, embora apenas um a cada dez indivíduos infectados desenvolvam úlcera. Entre os que sofrem de úlcera, alguns produzem muito ácido no estômago, mas a maioria não, e outros produzem pouco demais.

Uma pesquisa japonesa mostra forte correlação entre baixa acidez estomacal e maiores taxas de infecção por *H. pylori.*

Biotechnic and Histochemistry, 2001

Teoricamente, é possível que, se uma pessoa com sintomas de úlcera péptica e resultado positivo para *H. pylori* suspeitar de baixa produção de ácido gástrico (por exemplo, porque os medicamentos supressores de acidez não aliviam os sintomas), a acidez do vinagre de maçã possa desestimular a infecção. Porém, pode piorar temporariamente a dor da úlcera.

Recomendação: Se quiser fazer uma experiência, tome 2 colheres (chá) de vinagre de maçã diluídas em 1 copo de água por dia ou use o vinagre como tempero ou como ingrediente em suas receitas.

Varizes

O vinagre de maçã é um método muito tradicional para tratar varizes doloridas, mas, se realmente dá algum resultado, ainda não foi comprovado.

Recomendação: Umedeça uma pequena toalha com vinagre de maçã e envolva a região afetada duas vezes ao dia, por trinta minutos de cada vez. Para complementar, beba 1 copo de água com 2 colheres (chá) de vinagre de maçã três vezes ao dia ou use o vinagre como tempero ou em suas receitas.

Verrugas

Existem diversos casos relatados de que o vinagre de maçã é capaz de curar verrugas, mas não foi encontrada nenhuma evidência científica que defendesse seu uso. Alguns podólogos utilizam um tipo mais corrosivo que o ácido acético, o ácido dicloroacético, para tratar diferentes tipos de verrugas.

Recomendação: Molhe um chumaço de algodão em vinagre de maçã e aplique-o na verruga. Cubra com um curativo aderente e deixe durante a noite. Repita todas as noites, por duas semanas.

CAPÍTULO 3

Tratamentos de beleza

A maçã e o vinagre feito com essa incrível fruta fazem bem não só à saúde, mas também realizam maravilhas para a beleza.

O principal fator que torna o vinagre de maçã tão popular como cosmético é que sua concentração de ácido orgânico em 5 por cento ajuda a manter a acidez natural da pele. A maioria dos outros vinagres – exceto o vinagre de vinho naturalmente fermentado – é mais ácida e, portanto, inadequada para os cuidados com a pele. A pele normal tem uma camada superficial levemente ácida chamada manto ácido, ou manto hidrolipídico, que contém:

- ácidos graxos do óleo da pele (sebo);
- ácido láctico e diversos aminoácidos provenientes da transpiração;
- aminoácidos e ácido pirrolidina carboxílico do "enrijecimento" das células da pele.

O manto ácido da pele tem pH de 4,5-5,75 na maior parte do corpo. (Um pH considerado neutro é de 7 – abaixo disso é ácido;

acima, alcalino.) O pH da pele das axilas e ao redor dos genitais é de cerca de 6,5, ou seja, menos ácido. O pH de uma pele normal tende a ser um pouco mais ácido nos homens que nas mulheres.

A acidez normal ajuda a ativar as enzimas que possibilitam a produção dos lipídios (gorduras) presentes no manto hidrolipídico. Além disso, estimula a pele a se autorregenerar após alguma lesão física ou química. Isso é muito importante, pois a pele saudável e preservada é relativamente impermeável, o que significa que é muito menos provável que perca água (exceto pela transpiração) e que deixe entrar substâncias e microrganismos potencialmente nocivos. A acidez normal da pele também promove uma flora normal – as populações típicas de diversas bactérias e fungos encontrados na pele saudável. A flora normal, por sua vez, evita que os microrganismos prejudiciais se multipliquem e provoquem infecções.

A perda da acidez normal da pele leva ao ressecamento, a rachaduras e coceiras. E, ainda, eczema e outras inflamações deixam a pele mais alcalina. A maioria dos sabonetes aumenta a alcalinidade da pele, deixando-a ainda mais vulnerável a irritações e infecções.

Muitos sabonetes disponíveis no mercado, até mesmo os "suaves", de glicerina, para bebês e de beleza, têm pH alcalino de 7-9. O uso desses sabonetes destrói o manto ácido que protege a pele. A pele saudável, sem rachaduras, é capaz de se recuperar desse aumento do pH, mas a normalização de sua acidez não é imediata – ocorre entre trinta minutos e duas horas após o banho. Caso a pele seja lavada duas vezes ao dia com sabonete alcalino, a recuperação da acidez da pele é reduzida. Há sabonetes ainda mais alcalinos, com pH de 9,5-11, capazes de prejudicar ainda mais a pele. O pH do sabonete Dove® é de 6,5-7,5, o que é relativamente baixo para um sabonete em barra. Apenas alguns sabonetes em barra (o Cetaphil®, por exemplo) têm o pH semelhante ao da pele normal.

O pH de muitos sabonetes líquidos, géis para banho e outros produtos sem sabão, no entanto, é mais próximo do da pele; e algumas marcas têm linhas de sabonete para as mãos com pH 5,5, similar ao da pele. Usar um produto caseiro contendo vinagre de maçã previne a perda da acidez normal da pele que ocorre após o uso da maioria dos sabonetes. Outra sugestão, caso queira continuar a usar o sabonete alcalino, é, depois, lavar a pele com uma solução contendo vinagre de maçã, para garantir a restauração de sua acidez normal.

O vinagre de maçã também ajuda a recuperar a acidez do cabelo que foi lavado com xampu alcalino. Esse é o caso da maioria dos xampus, que deixam os fios recém-lavados opacos e sem brilho. Como se não bastasse, eles afetam, também, a acidez do couro cabeludo, tornando-o mais propenso a ressecamento, irritações e infecções. Enxaguar o cabelo com vinagre de maçã pode resolver esse problema, devolvendo seu brilho. Sem contar que ainda realça as luzes naturais.

Em virtude de suas propriedades antibacterianas, o vinagre de maçã tem qualidades desodorantes particularmente úteis para as axilas e os pés.

Como desodorante

- Lave as axilas e aplique vinagre de maçã puro, ou então um preparado de vinagre com folhas de alecrim ou hortelã, ou pétalas de lavanda, que tenha ficado em infusão por duas semanas.
- Lave os pés e, depois, deixe-os de molho por cinco a dez minutos numa bacia contendo água e 1 xícara de vinagre de maçã.

Para enxaguar a pele

- Lave-se no chuveiro e enxágue-se com água. Depois, encha a banheira (se tiver) com água e ½ xícara de vinagre de maçã. Deite-se na banheira e relaxe.
- Se preferir, após se lavar, enxágue o corpo, usando ½ xícara de vinagre de maçã diluído e 1 jarra grande de água morna.

Para enxaguar o cabelo

- Após lavar o cabelo com xampu, enxágue os fios com uma solução feita com 2 colheres (sopa) de vinagre de maçã diluídas em uma jarra com 500 mililitros de água morna.

Para limpar a pele

- Faça um esfoliante para as manchas das mãos, umedecendo ½ xícara de farinha de aveia com vinagre de maçã. Se quiser passar em todo o corpo, use uma quantidade maior de aveia.
- Coloque 1 xícara de vinagre de maçã na água do banho, molhe uma toalha pequena nessa água e passe-a na pele.

Tonificante

- Se você costuma utilizar creme ou loção purificante no rosto, siga estes passos usando uma loção tônica feita com 4 colheres (sopa) de vinagre de maçã diluídas em 250 mililitros de água fria. Mantenha a loção em um recipiente de vidro ou plástico fechado e aplique-a na pele com um chumaço ou tecido macio de algodão.

- Você pode fazer também uma loção tônica perfumada. Prepare a receita anterior, ponha-a em uma panela e adicione ½ colher (sopa) de folhas desidratadas de alecrim ou pétalas de lavanda, ou 1 colher (sopa) de folhas ou flores frescas. Após atingir ponto de fervura, deixe cozinhar por cinco minutos, espere esfriar e guarde em um frasco.

CAPÍTULO 4

Auxílio doméstico

O vinagre de maçã pode facilitar certos serviços domésticos e ainda economizar na compra de produtos de limpeza.

Amaciante de roupas

- Misture 2 colheres (sopa) de vinagre de maçã, 2 colheres (sopa) de bicarbonato de sódio e 4 colheres (sopa) de água. Se você for lavar as roupas à mão, acrescente essa mistura ao último enxágue; caso use a máquina, despeje-a no reservatório para amaciante. Isso deixará as roupas macias e sem estática.

Cuidados com a máquina de lavar roupas

- Caso o reservatório de sua máquina esteja com mau cheiro, esfregue-o com uma escova, água e sabão. A seguir, adicione 1 xícara de vinagre de maçã à máquina vazia e programe um ciclo de lavagem para eliminar o odor.

- Se o reservatório de sua máquina estiver com uma camada de calcário, limpe-o com uma escova, água e sabão. Então, despeje 1 xícara de vinagre de maçã e programe um ciclo de lavagem para ajudar a remover os depósitos acumulados.

Desinfetante

- Para eliminar o mau cheiro de uma toalha, esponja ou um pano de prato, coloque-os de molho em uma mistura feita com partes iguais de água e vinagre de maçã. Após duas horas, enxágue normalmente com água.
- Evite manchas no rejunte dos azulejos do banheiro, borrifando-os duas vezes por semana com uma solução de água e 2 colheres (sopa) de vinagre de maçã.
- Para retirar o bolor da cortina do banheiro, coloque-a na máquina de lavar com uma toalha de banho grande. Antes de ligar a máquina, adicione 100 gramas de bicarbonato de sódio ao sabão em pó, em seu reservatório. Lave em temperatura baixa, e então ponha 100 mililitros de vinagre de maçã no reservatório para amaciante, durante o ciclo de enxágue.

Desodorizador de ambiente

- Encha metade de um borrifador com água e acrescente 1 colher (chá) de bicarbonato de sódio e 1 colher (sopa) de vinagre de maçã. Deixe o recipiente aberto e agite-o para misturar bem seu conteúdo. Quando parar de fazer espuma, termine de enchê-lo com água e tampe-o. Use como purificador de ar e para eliminar o cheiro de cigarro, de animais de estimação, de comida e outros odores indesejados.

- Além de eliminar os cheiros ruins, você pode aromatizar o ambiente. Para isso, coloque 1 litro de água em uma panela e ferva com 2 colheres (sopa) de vinagre de maçã e 50 gramas de lavanda, tomilho, alecrim ou cravo-da-índia frescos, ou 25 gramas de um desses ingredientes desidratado. Deixe cozinhar por dez minutos, espere esfriar, coe, ponha em um borrifador e use como desejar.
- Para eliminar o cheiro de cebola, alho ou peixe das mãos, despeje vinagre de maçã em uma das mãos em concha e esfregue uma na outra, em seguida, lave-as com água e sabonete.
- Acrescente um pouco de vinagre de maçã em um pouco de água com sabão e use essa mistura para limpar bancadas ou outras superfícies da cozinha e eliminar os maus odores.
- Quando pintar um cômodo, amenize o cheiro de tinta, colocando uma vasilha com vinagre de maçã em algum lugar seguro.

Ervas daninhas

- Livre-se das ervas daninhas, borrifando-as com vinagre de maçã.

Limpa-vidros

- Faça uma mistura com 3 partes de água e 1 parte de vinagre de maçã. Use-a para limpar os vidros das janelas, as lentes dos óculos ou os espelhos. Seque com folha de jornal ou uma toalha ligeiramente úmida.

Limpeza

- Esfregue colarinhos e punhos encardidos com uma pasta feita com vinagre de maçã e bicarbonato de sódio em partes iguais. Deixe a pasta agir por trinta minutos e lave as peças como de costume.
- Diminua as manchas de suor das roupas, deixando-as de molho por várias horas em uma bacia contendo água e ½ xícara de vinagre de maçã.
- Higienize o piso, acrescentando 1 xícara de vinagre de maçã à água a ser utilizada.
- Mantenha os ralos limpos, despejando neles ½ xícara de bicarbonato de sódio e, em seguida, ½ xícara de vinagre de maçã quente (aquecido por um minuto no micro-ondas). Deixe agir por trinta minutos e despeje 1 caneca de água fervente.
- Adicione ½ xícara de vinagre de maçã à água com que for lavar a louça para reduzir a gordura e, consequentemente, a quantidade de água para o enxágue.

Limpeza de lava-louças

- Tire o mau cheiro da máquina de lavar louças e de seu reservatório usando escova e água com sabão. Depois, despeje 1 xícara de vinagre de maçã na máquina vazia e inicie um ciclo de lavagem para remover os odores.

Meias-calças

- Faça suas meias-calças durarem mais, adicionando 1 colher (sopa) de vinagre de maçã à água do último enxágue, quando for lavá-las.

Para lavar apliques de cabelo ou dreadlocks

- Encha um borrifador com 4 partes de água e 1 parte de vinagre de maçã. Borrife os extensores ou dreadlocks abundantemente com essa solução. Deixe agir por dez minutos e enxágue bem. Isso ajuda a remover a oleosidade e os resíduos de produtos para cabelo.

Para preservar a cor dos tecidos

- À lavagem de tecidos coloridos, adicione 1 xícara de vinagre de maçã. Assim, além de preservar a cor, evitará que soltem tinta e manchem outros tecidos.

Para polir

- Para deixar seus móveis de madeira brilhando, adicione algumas gotas de vinagre de maçã ao lustra-móveis utilizado.
- Lustre a mobília de madeira com uma solução feita de vinagre de maçã e parafina em partes iguais.

- Para polir cobre e latão, aplique uma pasta feita com partes iguais de sal, farinha e vinagre de maçã. Deixe a pasta secar por dez minutos e então dê polimento com uma flanela.

Removedor de depósitos de calcário

- Amoleça os depósitos de calcário das torneiras, cobrindo-as durante a noite com toalha de papel encharcada em vinagre de maçã; na manhã seguinte o calcário será removido com muito mais facilidade.
- Limpe o calcário depositado no reservatório de água do ferro a vapor, enchendo-o com vinagre de maçã. Ligue o ferro, deixe fazer vapor até secar e, finalmente, lave o reservatório com água limpa.

Removedor de ferrugem

- Remova a ferrugem de pequenos objetos de metal, imergindo-os em vinagre de maçã por algumas horas.

Repelente de insetos

- Mantenha os mosquitos bem longe, acrescentando ½ xícara de vinagre de maçã ao último enxágue do banho do seu cão.

Removedor de manchas

- Para limpar calçados manchados de sal, passe um pano umedecido em uma solução feita com 1 xícara de água e 1 colher (sopa) de vinagre de maçã.
- Limpe panelas e recipientes de aço inoxidável ou cobre revestido com uma pasta feita com sal e vinagre de maçã.
- Experimente tirar manchas de tinta, grama, café, chá e frutas vermelhas dos tecidos, deixando a parte afetada de molho em vinagre de maçã por uma hora e lavando-a em seguida.
- Tire as manchas amarronzadas do bule de chá ou de café, enchendo-os com partes iguais de água e vinagre de maçã. Deixe agir por trinta minutos e enxágue.

Removedor de cola

- Para retirar adesivos ou sua cola de uma superfície, esfregue-a delicadamente com vinagre de maçã.
- Use vinagre de maçã para remover a resina e o endurecedor de uma cola epóxi, ou mesmo uma cola de secagem lenta. (Caso alguma dessas substâncias entre em contato com os olhos ou a pele, lave imediatamente a área afetada com água em abundância.)
- Solte chiclete ou manchas de chiclete das roupas, esfregando vinagre de maçã no tecido antes de lavá-las.

CAPÍTULO 5

Receitas

Graças ao interesse que sempre tive por culinária, alimentação e nutrição, posso dizer que a maçã, seu suco, a sidra e o vinagre de maçã não apenas agradam ao paladar como também melhoram nossa saúde e trazem bem-estar. Testadas e aprovadas, as receitas a seguir valem um lugar à mesa.

MAÇÃ

Além de ser uma delícia por si só, a maçã é um ótimo complemento para muitos outros alimentos. As maçãs mais firmes vão muito bem com queijo, por exemplo, e recomendo que você experimente para ver quais variedades dessa fruta combinam com quais tipos de queijo. Você pode começar combinando maçã-reineta com um pedaço de cheddar, uma red delicious com um queijo stilton ou dolcelatte, ou mesmo uma maçã verde, mais ácida, com um farelento queijo de cabra.

A maçã fica ótima em salada de frutas, mas você também pode usá-la fatiada, em cubos ou em tiras nas saladas de folhas, como as de repolho branco, roxo ou verde, em salada de batata, de beterraba, de aipo e oleaginosas. Fatias de maçã desidratadas lentamente no forno, resfriadas e então armazenadas em uma lata hermeticamente fechada tornam uma cesta de piquenique ou uma lancheira muito mais atraentes. A maçã pode dar aroma a sopas, bem como ser o ingrediente básico de deliciosos molhos picantes, como o chutney de maçã com gengibre, cuja receita está mais adiante.

A compota de maçã forma uma parceria conhecida com porco assado, assim como maçãs inteiras assadas com peru, e pedaços fritos de maçã com costeletas de porco. Compotas ou caldas de maçã também combinam muito bem com outras carnes, tanto quentes quanto frias.

Uma sobremesa fácil e rápida de fazer é maçã cozida com açúcar, que fica particularmente gostosa com chantili, pudim ou sorvete, ou como recheio de panquecas doces. As tortas de maçã são sempre um sucesso, e a receita de torta de maçã com marzipã deste livro é perfeita para datas comemorativas.

- Quando uma das receitas deste livro mencionar maçã "de sobremesa", significa qualquer maçã que costumamos comer sem acompanhamento.
- Quando aparecer maçã "para culinária", significa qualquer variedade que seja muito ácida para ser comida sozinha.

SOPA DE ABÓBORA-CHEIROSA COM MAÇÃ PICANTE

A maçã confere uma doçura inusitada a esta sopa colorida, que pode ser consumida quente ou fria. Se preferir, use 1 colher (sopa) bem cheia de curry em pó, para substituir o cominho, o coentro, o açafrão-da-terra e o feno-grego.

Ingredientes

- 2 colheres (sopa) de azeite de oliva
- ¼ de xícara (chá) de manteiga (50 g)
- 1 colher (chá) de cominho em pó
- 1 colher (chá) de coentro em pó
- ½ colher (chá) de açafrão-da-terra em pó
- ½ colher (chá) de feno-grego em pó
- 1 pitada de pimenta-do-reino
- 1 cebola em fatias
- 2 dentes de alho picados
- 2 xícaras (chá) de abóbora-cheirosa, sem casca e sem sementes, em pedaços (450 g)
- 3 maçãs de sobremesa, sem casca e sem sementes, em fatias
- ½ colher (chá) de ervas variadas, desidratadas
- 5 xícaras (chá) de caldo de galinha (ou 1,2 litro de caldo feito em casa, com a carcaça de uma galinha cozida em água com legumes e ervas)
- ¾ de xícara (chá) de creme de leite azedo (180 ml) (opcional)
- 1 colher (sopa) de salsa fresca picadinha, ou 4 colheres (chá) de croûtons, para servir

Preparo

Em uma panela grande, aqueça o azeite e a manteiga. Assim que a manteiga derreter, acrescente o cominho, o coentro, o açafrão-da-terra, o feno-grego e a pimenta-do-reino, e deixe refogar por 1 minuto. Adicione a cebola e o alho e refogue por mais 10 minutos ou até que as cebolas estejam macias, mas não muito escuras. Acrescente a abóbora-cheirosa, a maçã, as ervas desidratadas e o caldo de galinha. Assim que levantar fervura, tampe a panela, abaixe o fogo e cozinhe por cerca de 45 minutos. Retire do fogo, deixe amornar e bata no liquidificador até que fique bem homogênea. Misture o creme de leite azedo e sirva quente ou fria, polvilhada com a salsinha ou os croûtons.

REPOLHO ROXO AGRIDOCE COM MAÇÃ

Esta receita agridoce, da Europa Central, pode ser servida como complemento de carnes gordurosas como a de porco, ganso e pato, assadas. Preparar o dobro da quantidade desta receita é uma boa ideia, já que ela pode ser armazenada no freezer sem problemas.

Ingredientes

- ¼ de xícara (chá) de manteiga (50 g)
- 1 cebola grande, picada miúdo
- 1 pitada de cravo-da-índia em pó
- 1 pitada de pimenta-do-reino
- ½ colher (chá) de sal
- 1 repolho roxo em tirinhas
- 2 maçãs de sobremesa, sem casca e sem sementes cortada em cubinhos
- ½ xícara (chá) de açúcar mascavo (100 g)
- 210 ml ou ⅘ de xícara (chá) de vinagre de maçã
- água suficiente

Preparo

Em uma panela grande, aqueça a manteiga. Assim que ela derreter, acrescente a cebola, o cravo-da-índia, a pimenta-do-reino e o sal. Refogue por cerca de 10 minutos, mexendo de vez em quando, ou até que a cebola esteja macia, mas não muito escura. Sempre mexendo, adicione aos poucos o repolho, as maçãs, o açúcar mascavo, o vinagre de maçã e água suficiente para cobrir o repolho. Assim que ferver, tampe a panela e cozinhe em fogo baixo, mexendo de vez em quando, por mais 35 minutos. Então retire a tampa e cozinhe por mais cerca de 10 minutos.

MAÇÃS AO FORNO

Esta sobremesa rústica é simples de preparar, aromática e sempre bem-vinda. Você pode experimentar variações, recheando cada maçã com geleia de cassis ou de amora, mais 2 colheres (chá) cheias de suco de limão-siciliano.

Ingredientes

- 4 maçãs de culinária, sem o centro
- ½ xícara (chá) de uvas brancas sem sementes ou tâmaras, picadas (75 g)
- ⅓ de xícara (chá) de nozes picadas (50 g)
- ½ xícara (chá) de açúcar mascavo escuro (100 g)
- 2 colheres (sopa) de manteiga derretida (30 g)
- 150 ml ou ⅗ de xícara (chá) de sidra ou água

Preparo

Preaqueça o forno a 170°C.

Com uma faca afiada e de ponta, faça sulcos na casca de cada maçã, começando logo acima da parte mais larga. Disponha as maçãs (já sem o centro) em uma assadeira untada, mantendo certa distância entre elas.

Em uma vasilha, misture as uvas ou tâmaras, as nozes, o açúcar e a manteiga. Com essa mistura, recheie o centro vazio de cada maçã, colocando um pouco mais de recheio no topo. Despeje a cidra ou a água na assadeira.

Leve ao forno e asse por cerca de 30 minutos. Sirva as maçãs com sorvete de creme, regando-as com a calda que se formou na assadeira.

TORTA DE MAÇÃ COM MARZIPÃ

Esta receita dos deuses é perfeita para datas especiais, e, se você comprar a massa e o marzipã já prontos, é muito fácil de preparar.

Ingredientes

450 g de massa folhada pronta, descongelada
225 g de marzipã pronto
225 g de geleia de damasco
4 maçãs vermelhas de sobremesa, com a casca

Preparo

Preaqueça o forno a 180°C.

Abra a massa folhada, formando um retângulo um pouco menor que a medida da assadeira que você vai usar. Reserve as aparas de massa folhada. Coloque o retângulo de massa dentro de uma assadeira antiaderente e fure-o com os dentes de um garfo. Com a ponta de uma faca, risque a massa, formando outro retângulo menor, com uma borda de 2,5 cm.

Abra o marzipã com um rolo de macarrão até obter uma lâmina do tamanho do retângulo interno da massa folhada. Acomode o retângulo de marzipã sobre ele.

À parte, coloque a geleia de damasco em uma panela pequena e aqueça-a delicadamente até que derreta. Reserve.

Retire as sementes das maçãs e corte-as, com a casca, em fatias bem finas. Disponha as fatias de maçã em fileiras, sobrepondo umas às outras, cobrindo o retângulo de marzipã. Com as aparas da massa, modele folhas, corações ou o que desejar, para depois colocar sobre a maçã. Reserve. Pincele as fatias de maçã com parte da geleia de damasco, e por cima coloque os enfeites de massa folhada. A seguir, pincele os enfeites e a borda de massa folhada com a geleia de damasco restante.

Leve a torta ao forno e asse-a por 20-25 minutos. Sirva-a morna ou fria, acompanhada de creme.

CRUMBLE DE MAÇÃ

Úmido por dentro e crocante por fora.

Ingredientes

450 g de maçãs para culinária
suco de 1 limão-siciliano
1 xícara (chá) de açúcar mascavo (100 g)
1 ½ xícara (chá) de farinha de trigo (200 g)
1 colher (chá) de fermento
¼ de xícara (chá) de amêndoas moídas (30 g)
⅓ de xícara (chá) de manteiga gelada, em cubinhos (75 g)
½ xícara (chá) de aveia (50 g)

Preparo

Preaqueça o forno a 180°C.

Tire a casca e as sementes das maçãs e corte-as em fatias finas. Regue-as com o suco de limão e misture 1 colher (sopa) do açúcar mascavo. Disponha as fatias de maçã harmoniosamente em um prato refratário.

À parte, em uma vasilha larga, misture a farinha, o fermento e as amêndoas moídas. Adicione os cubinhos de manteiga gelada e torne a misturar com delicadeza até que fique com o aspecto de uma farofa feita com migalhas de pão. Ainda delicadamente, misture o açúcar restante e a aveia.

Distribua homogeneamente a farofa sobre as fatias de maçã.

Leve ao forno e asse por cerca de 30 minutos ou até que a farofa adquira uma coloração dourada. Sirva com sorvete de creme, creme inglês ou iogurte natural.

CHUTNEY DE MAÇÃ COM GENGIBRE

Este chutney, servido com frios ou queijos, ganha um toque picante muito especial, por conta do gengibre.

Ingredientes

- 1,8 kg de maçãs para culinária, sem casca e sem sementes, em cubos
- 2 ½ xícaras (chá) de vinagre de maçã (600 ml)
- 3-4 dentes de alho, amassados ou picados
- 3 ¾ xícaras (chá) de açúcar mascavo (675 g)
- 2 colheres (chá) de gengibre desidratado
- ½ colher (chá) de uma mistura de especiarias variadas
- 1 pitada de pimenta-de-caiena

Preparo

Primeiramente, esterilize potes herméticos de vidro ou com tampa de rosquear, escaldando-os em água fervente.

Em uma panela grande, coloque as maçãs, metade do vinagre de maçã e o alho. Assim que levantar fervura, cozinhe em fogo baixo por 20 minutos ou até que engrosse. Acrescente o restante do vinagre, o açúcar, o gengibre, a mistura de especiarias e a pimenta-de-caiena. Deixe cozinhar por mais 20 minutos.

Coloque o chutney ainda quente nos potes esterilizados e cubra-lhes a boca com discos de papel-manteiga. Quando ele tiver esfriado um pouco, tampe bem os recipientes.

COMPOTA DE MAÇÃ

É muito fácil preparar compota utilizando maçãs mais ácidas, uma vez que elas são ricas em pectina. Ela pode ser consumida com pão e manteiga, queijos ou frios ou ser adicionada à panela durante o preparo de uma geleia de frutas pobres naquele nutriente, como morango, framboesa, damasco, mirtilo ou cereja. A compota de maçã é um delicioso acompanhamento para cordeiro assado.

Ingredientes

- 1,8 kg de maçãs para culinária, com a casca, cortadas em pedaços
- água fria suficiente
- 2 xícaras (chá) de açúcar (ou 450 g) para cada 2 ½ xícaras (chá) de suco coado (ou 600 ml)
- suco de 1 limão-siciliano

Preparo

Em primeiro lugar, esterilize potes herméticos de vidro ou com tampa de rosquear, escaldando-os em água fervente.

Coloque os pedaços de maçã em uma panela grande e cubra-os com água fria. Leve ao fogo, e, depois que levantar fervura, deixe cozinhar em fogo baixo por cerca 25 minutos ou até que as maçãs estejam bem macias e o líquido tenha se reduzido a cerca de um terço.

Ponha a polpa da maçã em um coador de tecido para geleia ou em um coador grande, revestido com duas camadas de musselina. Apoie esse coador na boca de uma panela, para recolher o líquido coado. Deixe pingar durante toda a noite. Não tente agilizar o processo, espremendo a polpa, pois isso poderá turvar a compota.

No dia seguinte, verifique a quantidade de líquido coado e transfira-o para uma panela grande. Acrescente a quantidade proporcional de açúcar e o suco de limão-siciliano.

Leve ao fogo e aqueça delicadamente, mexendo sempre, até que o açúcar se dissolva. Depois que levantar fervura, deixe reduzir por 35-40 minutos ou até obter ponto de geleia. Para verificar a consistência, coloque uma colher (chá) na geladeira para resfriar bem, e então mergulhe-a rapidamente na compota. Se ela aderir às costas da colher, é porque está pronta.

Remova toda a espuma.

Ponha a compota ainda quente nos potes esterilizados e cubra a boca de cada vidro com um disco de papel-manteiga. Quando ela tiver esfriado um pouco, tampe bem os recipientes.

SUCO DE MAÇÃ

Acrescente este suco dos deuses a saladas de frutas frescas, bata com kiwi, frutas vermelhas variadas, abacaxi ou outras frutas para fazer drinques e delicie-se com a personalidade que ele confere a molhos e caldos e a ensopados de carne ou de porco. Suco de maçã com um pouco de suco de limão-siciliano e pedaços de maçã, aglutinados com gelatina, viram uma sobremesa maravilhosa. Ele também pode ser usado para fazer caldas, molhos, musses, sorbets e sorvetes.

MOLHO DE SUCO DE MAÇÃ

É excepcional para servir com costeletas ou lombo de porco assados.

Ingredientes

1 ¼ xícara (chá) de suco de maçã (300 ml)
2 colheres (chá) de mostarda de Dijon
pimenta-do-reino a gosto
¼ de colher (chá) de canela em pó (opcional)

Preparo

Depois que o assado estiver pronto, retire-o para uma travessa e mantenha a assadeira ou frigideira no fogo. Então, acrescente o suco de maçã, a mostarda de Dijon, a pimenta-do-reino e a canela (se desejar). Assim que levantar fervura, deixe o suco cozinhar em fogo baixo por cerca de 10 minutos ou até que engrosse.

QUENTÃO DE MAÇÃ

Bem condimentado, este quentão de maçã é uma bebida dos deuses em festas.

Ingredientes

5 xícaras (chá) de suco de maçã, sem coar (ou 1,2 litro)
2 maçãs, com casca, em fatias finas
2 laranjas, com casca, em fatias finas
2 colheres (chá) de uma mistura de especiarias variadas
2 folhas de louro
canela em pau a gosto
1 colher (sopa) de essência de baunilha
¼ de xícara (chá) de rum escuro, conhaque ou conhaque de maçã (60 ml) - opcional
algumas fatias a mais de laranja ou de maçã (opcional)

Preparo

Em uma panela de aço inoxidável, coloque o suco de maçã. Acrescente as maçãs fatiadas, as laranjas fatiadas, a mistura de especiarias e as folhas de louro. Depois que levantar fervura, deixe cozinhar em fogo baixo por cerca de 30 minutos – 5 minutos antes de terminar o cozimento, adicione canela em pau. Desligue o fogo e misture a essência de baunilha. Coe e sirva em xícaras, com algumas gotinhas de rum ou conhaque, ou então, se desejar, acrescente um pouco de rum ou conhaque e as fatias extras de laranja ou maçã.

SIDRA

A sidra não é apenas uma bebida deliciosa – é ótima para cozinhar também. Como substituto de caldos ou da água, ela proporciona um toque fragrante e diferente a carnes, aves e legumes cozidos.

Coloque a sidra em uma panela. Leve-a ao fogo baixo e deixe seu volume reduzir consideravelmente. Então respingue essa redução intensamente aromática sobre iogurte natural, ou adoce-a como na receita de cobertura brilhante de sidra, abaixo. Você também pode usá-la para preparar um maravilhoso sorbet. E um bom quentão de sidra se equipara a um bom quentão de vinho.

COBERTURA BRILHANTE DE SIDRA

Pincele esta cobertura sobre pernil cozido, antes de levá-lo ao forno para dourar, sobre peixes, antes ou depois de levá-los ao forno, e sobre cenoura ou abóbora-cheirosa, antes ou depois de cozinhá-las. Ela também fica gostosa sem o mel.

Ingredientes

2 xícaras (chá) de sidra (480 ml)
1 colher (sopa) de mel não cristalizado
⅓ de xícara (chá) de manteiga (75 g)

Preparo

Coloque a sidra em uma panela. Assim que levantar fervura, deixe cozinhar em fogo baixo até que o líquido se reduza a cerca de 2 colheres (sopa). Tire a panela do fogo e acrescente o mel e a manteiga, mexendo até que derreta.

FRANGO COZIDO COM ALHO, SIDRA E VINAGRE DE MAÇÃ

Pode parecer muito, mas os 10 dentes de alho são parte essencial deste prato. A sidra e o vinagre de maçã emprestam nuances distintas a esta paleta de sabores.

Ingredientes

- 2 colheres (sopa) de manteiga (25 g)
- 2 colheres (sopa) de azeite de oliva
- 2 cebolas, em fatias
- 1 talo de salsão, em fatias finas
- 2 cenouras, em rodelas
- 8 coxas de frango
- ½ colher (chá) de pimenta-do-reino moída
- 1 folha de louro
- sal a gosto
- 1 ½ colher (chá) de estragão desidratado, ou 3 colheres (chá) de estragão fresco, picado
- 10 dentes de alho inteiros, sem a casca
- 2 ½ xícaras (chá) de cogumelos frescos, em fatias (225 g)
- ⅔ de xícara (chá) de lentilhas vermelhas (100 g)
- 2 ½ xícaras (chá) de sidra (600 ml)
- ¾ de xícara (chá) de vinagre de maçã (180 ml)
- água suficiente
- um punhado pequeno de salsa fresca, picada

Preparo

Preaqueça o forno a 180°C.

Em uma caçarola refratária, aqueça o azeite e a manteiga até que derreta. Acrescente as cebolas, o salsão e as cenouras, e refogue por 10 minutos, mexendo de vez em quando. Adicione os pedaços de frango, a pimenta-do-reino e o louro, e deixe que o frango doure por igual. Então, acrescente sal, o estragão, os dentes de alho, os cogumelos, a lentilha, a sidra, o vinagre de maçã e água suficiente para cobrir o frango. Tampe a panela, leve-a ao forno e deixe cozinhar por 1 hora e 15 minutos.

Na hora de servir, polvilhe com salsa fresca.

SORBET DE SIDRA E ESPECIARIAS

Saboreie este delicioso sorbet sozinho ou acompanhado de salada de frutas frescas.

Ingredientes

1 3/4 xícara (chá) de sidra (420 ml)
1/4 de xícara (chá) de açúcar mascavo (50 g)
3 cravos-da-índia
2 bagas de pimenta-da-jamaica
1 baga de cardamomo, moída
1 pau de canela
3 colheres (chá) de suco de limão-siciliano

Preparo

Ferva por 5 minutos. Coloque a sidra, o açúcar, o cravo-da-índia, a pimenta-da-jamaica, o cardamomo e a canela em uma panela. Leve ao fogo, e, assim que ferver, deixe cozinhar por 5 minutos.

Retire do fogo e deixe arrefecer até a temperatura ambiente. Então coe para retirar as especiarias e misture o suco de limão. Leve ao freezer até a hora de servir.

QUENTÃO DE SIDRA

Esta bebida quentinha é uma das preferidas nos Estados Unidos e no Reino Unido.

Ingredientes

5 xícaras (chá) de sidra (1,2 litro)
suco de 1 limão-siciliano
¼ de xícara (chá) de açúcar mascavo (50 g)
1 colher (chá) de uma mistura de especiarias variadas
4 cravos-da-índia
1 pau de canela
4 cm de gengibre fresco, em fatias
1 pitada de noz-moscada ralada na hora, para servir

Preparo

Coloque todos os ingredientes, menos a noz-moscada, em uma panela. Leve ao fogo baixo e cozinhe por cerca de 15 minutos. Coe para eliminar as especiarias.

Sirva em copos, polvilhado com noz-moscada, para finalizar.

VINAGRE DE MAÇÃ

Você pode usar este aromático vinagre amarelo-ouro sempre que uma receita pedir vinagre de malte, de vinho ou de qualquer outro tipo. Fica ótimo, por exemplo, no preparo de molhos para diversos tipos de pratos e também para saladas – como maionese, molho de hortelã, de mostarda e chimichurri.

Borrife vinagre de maçã em batatas e peixes fritos, ou sobre peixes à milanesa, fritos em manteiga e óleo fervente. E ao preparar pernil ou perna de carneiro, faça um molho, adicionando 2 colheres (sopa) de vinagre de maçã ao caldo que restou na assadeira após retirar o assado.

O vinagre de maçã é perfeito para marinadas ou para fazer conservas de diversas frutas e legumes. Além disso, é um ingrediente que não pode faltar em muitos ensopados deliciosos.

MOLHO DE SALADA

Este tempero torna diversos tipos de folhas e outros componentes da salada extraordinariamente tentadores. Você pode criar versões com ervas ou outros condimentos.

Ingredientes

- ¾ de xícara (chá) de azeite de oliva, óleo de milho ou de nozes, ou a mistura dos três (180 ml)
- 2 colheres (sopa) de vinagre de maçã
- 2 colheres (chá) de mostarda de Dijon
- 1 colher (chá) de mel não cristalizado
- sal e pimenta-do-reino moída a gosto

Preparo

Coloque todos os ingredientes em uma tigela. Com um batedor de arame ou um garfo, bata até que todos os ingredientes estejam bem emulsificados.

MAIONESE DE LIQUIDIFICADOR

Esta maionese caseira é uma delícia e muito fácil de preparar no liquidificador. Se você achar o sabor do azeite muito forte, substitua-o por óleo de girassol ou de milho.

Ingredientes

- 2 colheres (sopa) de vinagre de maçã
- 1 ovo
- 2 colheres (chá) de mostarda de Dijon
- 1 colher (chá) de mel não cristalizado
- sal e pimenta-do-reino moída a gosto
- ¾ de xícara (chá) de azeite de oliva, ou metade de azeite e metade de óleo de nozes (180 ml)
- 2 colheres (sopa) de água fervente (opcional)

Preparo

Coloque no copo do liquidificador o vinagre de maçã, o ovo, a mostarda, o mel, o sal e a pimenta-do-reino a gosto. Bata em velocidade alta por alguns segundos, até que os ingredientes adquiram consistência macia e homogênea. Então, reduza a velocidade e continue a bater, despejando o azeite em fio (ou a mistura de azeite e óleo de nozes) até a maionese ficar bem cremosa e homogênea. Guarde na geladeira.

CALDO DE OSSOS

Preparado com carcaça de frango cozida ou com ossos de porco, boi, carneiro ou peixe, este caldo é muito rico em cálcio, liberado dos ossos pela ação do vinagre de maçã. Use como base para sopas ou acrescente a ensopados ou quaisquer receitas que levem caldo.

Ingredientes

- ossos cozidos de frango, de peixe ou de outras carnes
- 2 cenouras, em rodelas finas
- 2 cebolas picadas
- 2 dentes de alho, picados ou espremidos
- ¾ de xícara (chá) de vinagre de maçã (180 ml)
- 1 colher (chá) de uma mistura de ervas variadas, desidratadas
- pimenta-do-reino moída a gosto
- ½ colher (chá) de sal
- água suficiente

Preparo

Coloque todos os ingredientes em uma panela grande e cubra-os com água. Leve ao fogo baixo, e, assim que ferver, tampe a panela e cozinhe por 1 hora, acrescentando mais água se necessário. Coe o caldo em uma vasilha e use-o todo na hora, ou então deixe-o esfriar e congele para uma refeição futura.

CHIMICHURRI

Este molho de churrasco é muito tradicional na Argentina e no Uruguai. Considerado mais um tempero do que um molho, o chimichurri fica tão bom com vinagre de maçã quanto com o de vinho. É excelente acompanhamento para carnes e aves grelhadas ou assadas, e também pode ser usado em marinadas. Além disso, dá um toque especial a alimentos como milho-verde assado, aspargos no vapor ou batatas cozidas.

Ingredientes

- 1 xícara (chá) de vinagre de maçã (240 ml)
- 1 xícara (chá) de azeite de oliva (240 ml)
- ½ colher (chá) de pimenta-de-caiena
- ½ colher (chá) de cominho moído
- 4 dentes de alho, picados ou espremidos
- 1 colher (chá) de pimenta-do-reino
- sal a gosto
- 1 colher (chá) de orégano desidratado ou 2 colheres (chá) de orégano fresco, picado
- 2 colheres (sopa) de salsa, picada bem miudinho
- 1 cebola pequena, picada bem miudinho
- 1 tomate, sem pele e sem sementes, picado bem miudinho

Preparo

Coloque todos os ingredientes em um recipiente com tampa de rosquear. Feche-o bem e chacoalhe até obter uma mistura homogênea. Guarde-o na geladeira por pelo menos 2 horas antes de usar.

SALADA DE BATATAS

Faça um verdadeiro banquete com uma salada de batatas bem farinhentas recém-cozidas, adicionando um molho de cebola, endro (dill) e salsinha. Essa salada é particularmente popular na Rússia e na Alemanha e pode ser comida quente, morna ou fria.

Ingredientes

6 batatas médias, sem casca
2 cebolas, em rodelas
3 colheres (sopa) de endro (dill) fresco, cortado com tesoura
3 colheres (sopa) de salsa fresca, picada fino
sal e pimenta-do-reino moída na hora a gosto
3 colheres (sopa) de azeite de oliva ou óleo de nozes, ou meio a meio
3 colheres (sopa) de vinagre de maçã
1 colher (chá) de açúcar

Preparo

Cozinhe as batatas, na água ou no vapor, por cerca de 20 minutos, ou até que fiquem macias, mas sem desmanchar. Corte-as em fatias grossas e coloque em uma vasilha. Tempere com a cebola, o endro (dill), a salsa, sal e pimenta-do-reino. À parte, em uma panelinha, coloque o azeite, o vinagre de maçã e o açúcar. Leve ao fogo, e deixe ferver somente até o açúcar dissolver. Então, despeje sobre a salada de batata e misture delicadamente.

FONDANT DE ABOBRINHA

A base desta receita me foi gentilmente concedida pelo proprietário do extraordinário restaurante Blairs Cove House, em Durrus, no Condado de Cork, na Irlanda, após eu lhe ter rasgado elogios em um jantar. Adaptei a receita para empregar vinagre de maçã em vez do de malte, e juro que ela vale cada um dos quatro dias que leva para prepará-la. Use como acompanhamento para frios, queijo ou arenque.

Ingredientes

- 6 abobrinhas, sem casca e sem sementes, cortadas em pedaços
- 2 cebolas grandes, em rodelas
- 3 colheres (sopa) de sal
- 2 xícaras (chá) de vinagre de maçã (480 ml)
- 2 ½ xícaras (chá) de água (600 ml)
- 2 ¾ xícaras (chá) de açúcar (500 g)
- 1 colher (sopa) de curry em pó
- 1 colher (chá) de pimenta-do-reino em grãos

Preparo

Esterilize recipientes herméticos de vidro ou potes de geleia com tampa de rosquear, escaldando-os em água fervente.

Dia 1

Ponha a abobrinha e a cebola em uma vasilha. Junte o sal, misture bem e deixe descansar de um dia para o outro.

Dia 2

Coloque a abobrinha em uma peneira e enxague-a bem em água corrente. À parte, em uma panela grande, leve para ferver o vinagre de maçã, a água, 400 g do açúcar, o curry e a pimenta em grão. Adicione a abobrinha escorrida e deixe cozinhar em fogo baixo por 5 minutos. Transfira-a para uma vasilha grande e deixe esfriar até atingir a temperatura ambiente. Reserve até o dia seguinte.

Dia 3

Junte à mistura os 100 g de açúcar restantes e mexa. Reserve até o dia seguinte.

Dia 4

Torne a colocar a mistura em uma panela grande e leve-a ao fogo. Assim que levantar fervura, abaixe o fogo e deixe-a cozinhar por 5 minutos. Retire o fondant de abobrinha do fogo e distribua-o pelos potes esterilizados. Depois que esfriar um pouco, tampe bem.

RELISH DE DAMASCOS

Uma colher cheia deste acompanhamento de damascos é um fantástico complemento para carne de porco ou de cordeiro assada, ou então batatas assadas com a casca, alho e tomilho. É delicioso tanto quente quanto frio.

Ingredientes

- 1 xícara (chá) de damascos secos (150 g)
- ¾ de xícara (chá) de suco de maçã (180 ml)
- ¾ de xícara (chá) de vinagre de maçã (180 ml)
- ¼ de xícara (chá) de açúcar mascavo (50 g)
- 1 colher (chá) de canela em pó
- 1 colher (chá) de noz-moscada ralada na hora
- 1 pitada de pimenta-do-reino
- 1 colher (sopa) de manteiga

Preparo

Em uma panela, coloque os damascos, o suco e o vinagre de maçã, e o açúcar. Depois que ferver, deixe cozinhar em fogo baixo por 10 minutos. Deixe esfriar um pouco. Então, leve ao liquidificador e acrescente a canela, a noz-moscada e a manteiga. Bata até que fique macio e homogêneo. Se preferir servi-lo quente, leve-o de volta à panela e aqueça delicadamente.

PICLES DE PEPINO

É magnífico como complemento de entradas frias e sucesso garantido em refeições individuais, com a família ou em reuniões comemorativas.

Ingredientes

- 900 g de pepino sem a casca, em fatias finas
- 3 xícaras (chá) de cebolas em fatias finas (450 g)
- 2 colheres (sopa) de sal
- 2 xícaras (chá) de vinagre de maçã (450 ml)
- 2 xícaras (chá) de açúcar mascavo (350 g)
- ½ colher (chá) de cúrcuma (açafrão-da-terra) moída
- ½ colher (chá) de cravo-da-índia em pó
- 4 colheres (chá) de sementes de mostarda
- 4 colheres (chá) de sementes de aipo (é opcional, mas, se conseguir, vale a pena)

Preparo

Esterilize recipientes herméticos ou vidros de geleia com tampa de rosquear, escaldando-os em água fervente.

Em uma vasilha grande, misture bem o pepino, a cebola e o sal. Deixe descansar por 3 horas. Lave bem em água corrente e escorra a água em uma peneira.

Leve ao fogo, em uma panela grande, o pepino e a cebola escorridos e o vinagre de maçã. Depois que ferver, deixe cozinhar em fogo baixo por 20 minutos. Acrescente o açúcar, a cúrcuma (açafrão-da-terra), o cravo-da-índia e as sementes de mostarda e de aipo, e misture com uma colher até que o açúcar derreta. Depois que começar a ferver, deixe cozinhar por mais 2 minutos.

Com uma escumadeira, retire o pepino e a cebola da panela e coloque-os nos recipientes ou vidros ainda mornos. Deixe o xarope que ficou na panela reduzir por mais 15 minutos e então despeje-o sobre a conserva de pepino e cebola. Tampe bem os recipientes.

PASTA DE RAIZ-FORTE COM BETERRABA (CHREIN VERMELHO)

Este colorido acompanhamento para peixes, carnes ou queijos é originário do Leste Europeu e da Rússia. Quando você experimentar essa delícia, é bem provável que se torne seu fã incondicional.

Ingredientes

- 500 g de beterrabas com a casca
- 2 colheres (sopa) de molho de raiz-forte
- 1 colher (sopa) de mostarda à l'anciènne (preparada com os grãos)
- ¼ de xícara (chá) de vinagre de maçã (60 ml)
- 1 colher (sopa) de açúcar
- pimenta-do-reino moída em abundância

Preparo

Leve ao fogo as beterrabas com a casca e cozinhe-as por 30 minutos ou até que, ao espetá-las, estejam macias. Deixe que elas esfriem, retire a casca e rale.

Acrescente o molho de raiz-forte, a mostarda, o vinagre de maçã, o açúcar e bastante pimenta-do-reino, e misture bem.

PERAS MARINADAS

Estimule suas papilas gustativas com estas peras agridoces, que são um maravilhoso acompanhamento para frios, linguiças ou queijos.

Ingredientes

1 kg de peras, sem a casca e sem sementes, cortadas em quartos
água suficiente para cobrir
2 ⅓ xícaras (chá) de vinagre de maçã (550 ml)
2 ⅓ xícaras (chá) de água (550 ml)
2 ¼ xícaras (chá) de açúcar (450 g)
1 cravo-da-índia
1 pitada de canela em pó
1 folha de louro
1 colher (chá) de pimenta-do-reino em grãos
1 pitada de sal

Preparo

Esterilize recipientes de vidro herméticos ou vidros de geleia com tampa de rosquear, escaldando-os em água fervente.

Coloque as peras em uma panela e cubra-as com água. Leve ao fogo e, assim que levantar fervura, deixe que cozinhem em fogo baixo por 15 minutos ou até que estejam levemente macias. Coloque em uma peneira ou escorredor e enxágue sob água corrente para que esfriem por completo.

Numa panela à parte, coloque o vinagre, os 550 ml de água, o açúcar, o cravo-da-índia, o louro, a pimenta em grãos e o sal. Leve ao fogo e, depois que levantar fervura, deixe o líquido ferver por 5 minutos. Com cuidado, acrescente as peras. Assim que ferver novamente, desligue o fogo e deixe esfriar. Retire as peras com uma escumadeira e coloque-as nos recipientes esterilizados. Então, adicione a calda sobre elas até preencher todo o vidro e tampe bem.

BADEJO GRELHADO COM MOLHO DE VINAGRE DE MAÇÃ

O gosto penetrante deste molho é ideal para complementar o sabor do badejo grelhado.

Ingredientes

8 filés de badejo
2 colheres (sopa) de azeite de oliva
sal e pimenta-do-reino moída, a gosto
3 colheres (sopa) de vinagre de maçã
1/3 de xícara (chá) de manteiga gelada sem sal, em pedaços (75 g)
1 colher (chá) de endro (dill) desidratado ou um punhado pequeno de dill fresco, grosseiramente picado

Preparo

Preaqueça a grelha.

Pincele os filés de badejo com o azeite e polvilhe-os com sal e pimenta-do-reino. Coloque-os em uma assadeira levemente untada e grelhe-os por 2 minutos de cada lado.

Enquanto isso, em uma panelinha, leve o vinagre ao fogo. Assim que ferver, abaixe o fogo e acrescente os pedaços de manteiga, mexendo vigorosamente à medida que derretem. Misturando continuamente, adicione pimenta e o endro (dill).

Disponha os filés em pratos aquecidos e, com uma colher, regue-os com o molho.

ESCABECHE DE CARAPAU

Fui criada no litoral, e era muito comum minha mãe preparar diversos tipos de peixe. Esta receita é uma de nossas favoritas. Despeje o caldo resultante do cozimento no purê de batata e esbalde-se, pois é rico em cálcio.

Ingredientes

- 4 carapaus limpos e eviscerados, sem a cabeça, a cauda e as barbatanas
- 3 folhas de louro
- 2 cebolas, em rodelas
- 2 cenouras, em rodelas
- 1 talo de salsão (aipo), picado fino
- sal e pimenta-do-reino, a gosto
- ¾ de xícara (chá) de vinagre de maçã (180 ml)
- água suficiente
- salsinha ou endro (dill) fresco, para decorar

Preparo

Preaqueça o forno a 180°C.

Em uma assadeira, coloque os carapaus e as folhas de louro. Cubra com as rodelas de cebola e de cenoura. Polvilhe com o salsão picado e tempere com sal e pimenta. Acrescente o vinagre de maçã e água suficiente para cobrir o peixe. Leve ao forno e asse por 1 hora.

Decore com salsinha ou dill e sirva acompanhado de purê de batatas, ervilhas e um pouco do caldo que ficou na assadeira.

CALDEIRADA DE CORDEIRO COM SIDRA E VINAGRE DE MAÇÃ

Os molhos avinagrados constituem o acompanhamento tradicional para cordeiro assado. E este prato é particularmente fácil de preparar.

Ingredientes

- 1 perna de cordeiro
- sal e pimenta-do-reino, a gosto
- 900 g de cebola, cortada em quartos
- 2 ½ xícaras (chá) de sidra (600 ml)
- ½ xícara (chá) de vinagre de maçã (120 ml)
- 4 ramos de tomilho fresco ou 2 colheres (chá) de tomilho desidratado
- 4 dentes de alho picados

Preparo

Preaqueça o forno a 170°C.

Esfregue a perna de cordeiro com um pouco de sal e pimenta. Acomode-a em uma assadeira grande e acrescente as cebolas em quartos, a sidra, o vinagre, o tomilho e o alho. Cubra com papel-alumínio, prendendo-o às laterais da assadeira. Leve ao forno e asse por cerca de 3 horas.

Retire o cordeiro e as cebolas da assadeira e reserve-os em local aquecido. Coe o caldo e coloque-o de volta na assadeira. Leve-a ao fogo e deixe o molho reduzir por cerca de 10 minutos ou até que engrosse. Corte a carne e sirva-a com o molho, as cebolas e uma salada verde.

COSTELETAS DE PORCO GUISADAS COM SIDRA, VINAGRE DE MAÇÃ, AMEIXAS SECAS E MAÇÃS

Esta combinação de sabores nos leva para o paraíso. Sirva estas costeletas com purê de batata amanteigado e um saboroso repolho verde.

Ingredientes

- 4 costeletas de porco grossas, polvilhadas com farinha temperada
- ¼ de xícara (chá) de azeite de oliva (60 ml)
- 8 cebolas, em rodelas
- ½ colher (chá) de pimenta-do-reino
- ¼ de xícara (chá) de vinagre de maçã (60 ml)
- 2 maçãs para culinária ou maçãs ácidas de sobremesa, sem casca e sem sementes, cortadas em pedaços graúdos
- ¾ de xícara (chá) de sidra (180 ml)
- 100 g de ameixas secas prontas para o consumo
- um punhado de salsinha fresca, picada

Preparo

Preaqueça o forno a 150°C.

Em uma frigideira, doure por igual as costeletas em 2 colheres (sopa) do azeite. Transfira-as para uma assadeira e reserve.

Coloque o azeite restante na frigideira, acrescente as rodelas de cebola e a pimenta-do-reino, e refogue por 5 minutos. Adicione o vinagre e as maçãs e deixe que cozinhem por 5 minutos, mexendo com frequência. Acrescente a sidra e as ameixas e cozinhe por mais 5 minutos.

Despeje o molho da frigideira sobre as costeletas. Cubra a assadeira com papel-alumínio, leve-a ao forno e deixe assar por cerca de 45 minutos. Retire do forno, polvilhe com a salsinha e sirva.

RABADA

Esta carne ensopada é suculenta, saborosíssima e barata, rica em cálcio e uma surpresa para aqueles que acreditam que o contrafilé e o filé-mignon são os melhores cortes.

Ingredientes

- 1 xícara (chá) de farinha de trigo (100 g)
- 1 cubo de caldo
- pimenta-do-reino, a gosto
- ¼ de xícara (chá) de azeite de oliva (60 ml)
- 1 rabo de boi em pedaços, com a maior parte da gordura removida, mas não toda
- 2 cebolas, em rodelas
- 4 dentes de alho, amassados ou picados
- 4 cenouras, em rodelas
- 4 talos de salsão (aipo), picados
- ½ xícara (chá) de vinagre de maçã (120 ml)
- água suficiente

Preparo

Preaqueça o forno a 150°C.

Misture a farinha, o cubo de caldo esmigalhado e a pimenta em uma vasilha grande.

Aqueça o azeite em uma caçarola grande, de fundo grosso.

Empane os pedaços do rabo na mistura de farinha e coloque-os na panela. Mexa com uma colher de pau para que eles dourem por igual. Acrescente as rodelas de cebola e de cenoura, o alho e o salsão (aipo), e deixe refogar por 5 minutos, mexendo de vez em quando. Então, adicione o vinagre de maçã e água suficiente para cobrir a carne. Assim que levantar fervura, tampe a panela e leve-a ao forno. Deixe cozinhar por cerca de 2 horas e 30 minutos, mexendo a cada hora e acrescentando mais água, se necessário.

Dicas para os cozinheiros

A maçã e o vinagre de maçã são seus grandes aliados na cozinha.

Maçã

Bolos: mantenha os bolos frescos por mais tempo, armazenando-os em um recipiente hermeticamente fechado, com uma maçã cortada ao meio.

Sopas ou ensopados muito salgados: acrescente alguns pedaços de maçã sem casca, para que absorvam o excesso de sal, e remova-os após dez a quinze minutos.

Tomates: acelere o amadurecimento de tomates verdes, colocando-os em um saco de papel com 1 maçã madura para cada 3 tomates, durante alguns dias. A maçã libera gás etileno, que faz o tomate amadurecer mais rápido.

Vinagre de maçã

Leguminosas: amenize os problemas de gases resultantes de seu consumo, adicionando 1 colher (sopa) de vinagre de maçã à água, ao demolhar leguminosas desidratadas.

Queijos: evite que os queijos endureçam, envolvendo-os em musselina embebida em vinagre de maçã.

Ovos

- Pochés: coloque 2 colheres (chá) de vinagre de maçã na água, para as claras não deformarem.
- Cozidos firme: acrescente 1-2 colheres (sopa) de vinagre de maçã à água, para a casca se soltar com mais facilidade.
- Cozidos: adicione 2 colheres (sopa) de vinagre de maçã à água, para evitar que a casca rache.

Gelatinas ou pratos de consistência gelatinosa: acrescente 1 colher (chá) de vinagre de maçã ao líquido ainda quente, para ajudá-lo a adquirir o ponto de gelatina.

Carnes e peixes: ao marinar, cozinhar ou escaldar carnes, ou escaldar peixes, adicione ½ xícara (chá) de vinagre de maçã para cada xícara (chá) de líquido, para tornar as carnes ou os peixes mais macios e liberar o cálcio contido nos ossos.

Suspiros/merengues: para cada 2 claras, adicione 1 colher (chá) de vinagre de maçã e deixe descansar por 30 segundos antes de bater. Isso deixa o suspiro mais firme, branco e brilhante.

Panquecas: se quiser usar leitelho, mas não o tiver em casa, ponha 1 colher (sopa) de vinagre de maçã em cada xícara (chá) de leite e deixe-o descansar por cinco minutos antes de usar.

Massas de torta: em vez de acrescentar água à mistura de farinha e manteiga, para dar mais sabor, use vinagre de maçã ou metade água e metade vinagre.

Arroz ou massas: adicione 1 colher (chá) de vinagre de maçã à água do cozimento e o arroz ou o macarrão ficará mais soltinho.

Saladas, verduras, legumes e frutas: lavá-los com uma solução de vinagre de maçã ajuda a remover certos pesticidas e bactérias nocivas. Para preparar a solução, misture 1 parte de vinagre para cada 9 partes de água, deixe o alimento de molho por cinco minutos e enxágue-o bem.

Sopas, caldos e molhos: use 2 colheres (sopa) de vinagre de maçã para acentuar o sabor.

Caldos de carcaça de frango ou de outros ossos: acrescente 1 colher (sopa) de vinagre de maçã à água do cozimento para enriquecer o caldo e fazer com que os ossos liberem o cálcio neles contido.

Verduras e legumes: ao prepará-los no vapor, acrescente 1 colher (sopa) de vinagre de maçã à água, para ajudar os vegetais a reterem a cor.

CAPÍTULO 6

Como fazer suco de maçã, sidra e vinagre de maçã

O suco de maçã caseiro, bem como a sidra e o vinagre fermentados em casa, têm sabor muito particular. O suco e a sidra não coados contêm minúsculos fragmentos suspensos de polpa de maçã, e por isso são mais ricos em pectina, ácidos fenólicos e outros fitoquímicos saudáveis que as versões coadas.

Ao fazer o suco, a sidra ou o vinagre, escolha recipientes de aço inoxidável, plástico ou vidro apropriados para alimentos. Nunca deixe maçãs cortadas ou amassadas, suco ou sidra em contato com recipientes, utensílios ou equipamentos que contenham ferro, cobre ou chumbo em sua composição.

Muito, muito importante – para evitar a deterioração por microrganismos nocivos – é lavar muito bem esses objetos com água muito quente e sem sabão, enxaguando-os bastante. Sua cozinha e suas mãos também devem estar extremamente limpas.

Suco de maçã

O mais importante é saber qual ou quais variedades de maçã usar, uma vez que isso determina as proporções de açúcar e ácido presentes no suco. As maçãs de sobremesa costumam ser mais doces. As de culinária, mais ácidas, ou adstringentes. Misturar os dois tipos – por exemplo, 2/3 de maçãs doces e 1/3 de maçãs adstringentes – lhe dá a possibilidade de ajustar o equilíbrio doce-ácido do suco resultante. As maçãs empregadas na confecção da sidra não são apropriadas ao preparo do suco de maçã. E as frutas devem estar limpas e sem sinal de fungos.

Preparo do suco de maçã não coado

Passo 1

Selecione as maçãs. Elas devem ter sido recém-colhidas, estar firmes e brilhantes e sem qualquer machucado. Podem ser só de uma ou mais variedades – três, por exemplo. As maçãs de sobremesa, mais aromáticas e fortes, conferem um sabor especial, ainda mais se forem adicionadas maçãs silvestres para dar o toque agridoce de seu alto teor de tanino. As variedades agridoces e pungentes de maçãs para sidra também têm teor relativamente alto de tanino. Quanto mais doces as maçãs, mais alcoólico é seu suco. As colhidas no outono tendem a ser mais doces que as de verão. Grosso modo, 9 quilos de maçã produzem cerca de 4,5 litros de suco.

Passo 2

Lave as maçãs em água fria.

Passo 3

Corte ou amasse as maçãs. Corte-as em pedaços bem pequenos, menores que uma ervilha, ou pique, triture ou passe em um processador de alimentos ou triturador de frutas (de um fornecedor de produtos vinícolas). A polpa pode ser extraída utilizando-se uma lâmina específica para isso acoplada a um triturador elétrico, ou amassada (cuidadosamente) com martelo. Em vez de descartar essa polpa, você pode usá-la junto com maçãs cortadas para fazer uma torta.

Passo 4

Esprema as maçãs amassadas ou cortadas. Use uma prensa (pode ser de vinho) para extrair o suco das maçãs moídas por prensagem a frio. O suco das maçãs recém-prensadas fica amarronzado em poucos minutos, e é esse escurecimento que determina em grande parte a tonalidade final do suco.

O suco pode ser consumido na hora ou mantido na geladeira de sete a catorze dias (mais que isso, ele começará a fermentar). É provável que haja depósito de partículas no fundo da garrafa – nesse caso, mexa ou agite o suco antes de bebê-lo.

Para evitar que o suco escureça (graças à oxidação do tanino), adicione 1 grama de vitamina C em pó (própria para a fabricação de vinho) para cada 2 litros de suco recém-prensado.

Algumas pessoas fazem grandes quantidades de suco e o preservam armazenando-o no congelador, por pasteurização (o que faz com que perca parte da vitamina C), ou por tratamento químico. A preservação evita que microrganismos deteriorem (fermentem) o suco e formem gases, exercendo pressão nas garrafas fechadas e levando-as a explodir. O melhor método para armazenar o suco de maçã é, portanto, congelá-lo.

Congelamento

Para congelar o suco de maçã, despeje-o em vasilhas plásticas, mas sem enchê-las completamente, para deixar espaço para o suco se expandir. Tampe e congele. O congelamento preserva o suco por, pelo menos, um ano. Depois de descongelá-lo, agite-o antes de beber, pois há sedimentação. A menos que tenha sido pasteurizado (veja a seguir) antes de ir para o congelador, mantenha-o na geladeira depois de descongelado.

Pasteurização

Para pasteurizar o suco de maçã, esterilize garrafas ou vasilhas de vidro com tampa, despejando água fervente em seu interior e nas tampas. Depois, encha-as com o suco até chegar a cerca de 2,5 centímetros abaixo do topo. Coloque os recipientes destampados em uma panela grande, encha-a com água até 5 centímetros abaixo do topo da garrafa ou vasilha mais baixa e aqueça a água a 85 graus Celsius, verificando com um termômetro. Cozinhe o suco nessa temperatura por dez minutos. Isso destrói as leveduras naturais da maçã. Retire os recipientes da panela e leve-os a uma bancada de madeira ou plástico e tampe-os quando tiverem esfriado o suficiente para ser manuseados.

Conservação

Para preservar o suco quimicamente, acrescente o conservante de alimentos sorbato de potássio (use-o conforme as orientações da embalagem). Ele não inibe enzimas ou mata todas as bactérias, portanto, é provável que após alguns dias o sabor e a cor do suco sofram deterioração e se estabeleça um aspecto turvo.

O suco de maçã comercializado pode ser turvo (não filtrado) ou límpido (filtrado). Para filtrá-lo, primeiro é preciso deixá-lo assentar durante a noite; então, o líquido claro é separado da borra por um sifão e, em seguida, filtrado. Os sucos de maçã disponíveis no mercado geralmente são pasteurizados, o que significa que podem passar por outros tipos de tratamento. O rótulo do produto dará mais informações a respeito.

Sidra

A sidra é produzida pela fermentação natural ou induzida dos açúcares naturais da maçã (e, talvez, de açúcares adicionados) em álcool. Esse processo é conhecido como fermentação alcoólica ou por leveduras.

A sidra turva tradicional é mais rica nos saudáveis pigmentos vegetais chamados proantocianidinas do que muitos vinhos tintos – e, sem dúvida, do que a maioria das sidras comercializadas.

As principais vantagens de fazer sidra em casa são o custo mais baixo e a facilidade de preparo da deliciosa sidra turva, além da ausência de sulfitos – considerando que as sidras industrializadas os contêm (ou bissulfitos ou metabissulfitos) para sua conservação. A questão é que 1 por cento das pessoas tem sensibilidade a esse componente, e algumas com complicações sérias. A sensibilidade ao sulfito não chega a ser uma alergia alimentar, mas seus sintomas são similares. Quando for comprar sidra, leia o rótulo para verificar se há adição de sulfito.

Como preparar sidra turva caseira

Passo 1

Faça uma leva de suco de maçã não coado, conforme descrito nas páginas 136-8.

Passo 2 (opção a)

Trate o suco. Auxilie na fermentação controlando o açúcar, a acidez e o pH. Se necessário, misture um pouco mais de suco feito com maçãs mais doces, mais ácidas, ou com pH menor.

Teor de açúcar: Num verão quente, a concentração de açúcar no suco de maçã chega a 17 por cento; num clima mais fresco, até 10 por cento. O teor de açúcar – e, portanto, o teor alcoólico da sidra pronta – pode ser estimado com um hidrômetro, um dispositivo que mede a densidade do suco. Uma densidade de 1.070, por exemplo, indica uma concentração de açúcar de 15 por cento, e um provável teor alcoólico de 6 por cento. Se a densidade medida for menor que 1.045 e você não tiver um suco de maçã mais doce para misturar, precisará adicionar açúcar; senão, o teor alcoólico da sidra pronta não será suficiente para evitar sua deterioração. Acrescente 12-15 gramas de açúcar para cada litro de suco e misture bem. Meça mais uma vez com o hidrômetro e repita, se necessário.

Acidez e pH: a acidez de uma maçã é determinada mais por sua variedade do que pelo clima. É importante saber a acidez e o pH (equilíbrio ácido-base) do suco. O ideal é que o suco contenha 0,3-0,5 por cento de ácido málico. Se tiver menos que isso, o pH ficará muito alto e a fermentação, suscetível a infecções bacterianas. Se a concentração for maior, o pH será muito baixo e a sidra resultante terá um sabor acre demais. Uma alternativa é medir a acidez com um kit de titulação e o pH com um medidor específico, o pHmetro. O ideal é 3,2-3,8. Muitas sidras agridoces têm pH alto, e por isso precisam ser misturadas com frutas mais acídicas.

Passo 2 (opção b)

Após o Passo 1, simplesmente experimente o suco! Se, assim como muitos produtores caseiros de sidra, você não quiser se preocupar em medir o açúcar, a acidez e o pH, e estiver aberto a correr um risco maior de sua sidra não dar certo, apenas experimente o suco:

- Se o sabor for insípido, e você não tiver outro suco para misturar, acrescente ácido málico em doses de 1 grama por litro e continue experimentando até obter um sabor satisfatório.
- Se estiver muito ácido, e não for possível compensar com outro suco, adicione ácido málico (na dosagem recomendada) para estimular a fermentação malolática, ou então acrescente carbonato de cálcio para neutralizar o ácido (1 grama por litro, repetindo conforme for necessário).

Passo 3

Coe o suco em uma peneira grossa, despeje-o em um garrafão empalhado (usado na produção de vinho) e deixe-o abrigado da claridade e em local fresco, a no máximo 10 graus Celsius.

Passo 4

Deixe o suco fermentar. Deixar leveduras selvagens e bactérias fermentarem o suco pode dar certo, porém, corre-se o risco de produzir sidra avinagrada ou com outro sabor indesejado. Outra opção é acelerar a fermentação e tornar o resultado mais garantido com a adição de levedura de vinho e xarope de açúcar, embora isso possa resultar numa sidra insossa.

Se decidir acrescentar a levedura:

- Empregue levedura de vinho (nem a de cerveja ou a de pão!), adquirida de um fornecedor de produtos vinícolas, conforme as instruções da embalagem.
- Acrescente 1 colher (chá) de açúcar ou de mel por litro de sidra.
- Considere estimular uma fermentação eficiente, adicionando nutrientes da levedura: 0,2 mg de tiamina e até 300 mg de sal amoníaco por litro.

A fermentação em geral começa após 48 horas. No início, formam-se borbulhas pela liberação de dióxido de carbono conforme as leveduras se multiplicam e fazem a quebra do açúcar. Isso ocorre por cerca de três dias. Quando chegar o momento de decantar, encaixe uma bomba de vácuo para vinho para que o dióxido de carbono saia e não volte. Em dois ou três dias, você verá bolhas escaparem por esse utensílio, o que se prolongará por um a três meses, até que todo o açúcar tenha sido fermentado em álcool.

Quando observar que não há produção de bolhas ao longo de cinco minutos, remova a bomba e use um tubo plástico limpo para trasfegar a sidra pura para outro recipiente, deixando os sedimentos para trás. Lave bem o recipiente original, despeje a sidra de volta e recoloque a bomba de vácuo.

Se a "tampa" da bomba subir de volta dentro de 24 horas, deixe a sidra descansar por uma semana e faça a trasfega novamente. Repita a trasfega três vezes, se necessário.

Passo 5

Engarrafe e armazene a sidra. Isso deve ser feito quando a tampa deixar de subir após 24 horas da trasfega. O ideal é guardar a sidra engarrafada por três a seis meses antes de consumi-la. Dessa forma, seu sabor é apurado pela fermentação malolática contínua, na qual o ácido malolático é convertido em ácido láctico.

Vinagre de maçã

O vinagre de maçã resulta da fermentação do açúcar pela bactéria *acetobacter* na sidra em ácido acético. É mais fácil produzir o vinagre caseiro do que a sidra, já que a única coisa que você precisa adicionar é a levedura. O sabor do vinagre de maçã caseiro é mais delicado e complexo que o da versão industrializada, e, por não ter passado por pasteurização, seu sabor pode evoluir por muitos anos.

Muitos produtores comerciais transformam a sidra em vinagre de maçã em poucas horas, utilizando um grande fermentador com aeração forçada e a adição de *acetobacter*. Os produtores caseiros de vinagre de maçã não têm acesso a essas bactérias, e muitos vinagres industrializados não servem para ativar ou estimular a fermentação, uma vez que foram pasteurizados e não contêm mais *acetobacter*. Essa bactéria algumas vezes chega à sidra, mas acrescentar um ativador (veja a seguir) auxilia a fermentação. Use recipientes de madeira, vidro ou aço inoxidável apropriados para o preparo de alimentos ao fazer ou armazenar o vinagre de maçã. Não utilize os confeccionados com outros metais, plásticos ou cerâmica esmaltada.

Preparo do vinagre de maçã

Passo 1

Faça o suco de maçã conforme a página 136-8, considerando que, quanto mais doce a maçã, mais forte será o vinagre.

Passo 2

Adicione levedura de cerveja (seguindo as orientações da embalagem); embora não seja essencial, ela acelera a fermentação alcoólica.

Passo 3

Coloque o suco em um recipiente aberto até preencher ¾ de sua capacidade, para facilitar a entrada da bactéria *acetobacter*. Cubra com um pano de musselina e amarre-o na boca do recipiente para proteger de insetos. Guarde em local aquecido e abrigado da luz. Em alguns dias começará a borbulhar.

Passo 4

Oxigene a mistura todos os dias, mexendo-a com vigor, e mantenha-a em temperatura entre 18-30 graus Celsius. Gradualmente, formações de "mãe de vinagre", semelhantes a um gel começarão a flutuar. Elas contêm a bactéria *acetobacter* e a celulose que as mantém boiando, já que precisam de bastante ar.

Passo 5

Você pode acelerar a fermentação acrescentando vinagre de maçã não pasteurizado e sem conservantes previamente pronto. Não só a *acetobacter* prospera em um meio mais acídico, como há grande probabilidade de o vinagre adicionado fornecer algumas dessas bactérias vivas de resíduos da "mãe de vinagre", e isso ativa o processo. Empregue cerca de 100 ml para cada litro do líquido em fermentação.

Passo 6

Deixe o vinagre de maçã descansar por quatro semanas, sem sofrer qualquer ação, se tiver usado leveduras, ou por oito semanas, caso não as tenha acrescentado. Experimente. Se achar que está avinagrado o suficiente, transfira o líquido para garrafas, enchendo-as até o topo e tampando-as. Se achar que ainda pode melhorar, deixe descansar pelo tempo que considerar necessário, experimentando a cada semana. Não é recomendável filtrar o vinagre de maçã. Também não há necessidade de pasteurizar quantidades pequenas do vinagre caseiro. Resíduos de "mãe de vinagre" podem surgir como uma leve turvação ou como partículas gelatinosas.

Índice remissivo